LE PÉRIL VERT

DU MÊME AUTEUR

Retraites. La dernière chance, L'Archipel, 2019.

L'Écologie contre la démocratie, Plein Jour, 2016.

Les Impôts pour les Nuls, First, 2014.

Google. Un ami qui ne vous veut pas que du bien, Anne Carrière, 2013.

EDF. Les dessous du scandale, JC Lattès, 2010.

Ne tirez pas sur le foot. Contre les idées reçues, JC Lattès, 2011.

SNCF. Un scandale français, Eyrolles, 2009.

Les Défis du capitalisme coopératif, avec Georges Lewi, Pearson, 2009.

La Bataille du pouvoir d'achat, Eyrolles, 2008.

Toujours moins cher. Low cost, discount & Cie, Karthala/Les Éditions de l'Atelier, 2006.

Le Tourisme à la Martinique. Sous la plage… les conflits, Karthala, 2004.

Liban. Le complot, avec Abdel Rahim Hijazi, L'Harmattan, 2000.

Comores. Les nouveaux mercenaires, L'Harmattan, 1994.

PASCAL PERRI

LE PÉRIL VERT

Nos libertés menacées par les ayatollahs de l'écologie

l'Archipel

Un livre présenté par Michel Taubmann

Notre catalogue est consultable à l'adresse suivante :
www.editionsarchipel.com

Éditions de l'Archipel
92, avenue de France
75013 Paris

ISBN 978-2-8098-4263-0

À ma mère, Marie-Andrée

Préambule

Le XXIe siècle devait être celui des sciences exactes et des découvertes salvatrices, voilà qu'il devient le siècle de la peur et des nouveaux sorciers de l'Apocalypse.

Le courant dominant dans le mouvement écologiste est antimarché, antitechnologie, antirecherche. Au fil des années, l'écologie est devenue, particulièrement en France, une ombrelle qui abrite les nouvelles causes : féminisme radical anti-« mâles blancs », antispécisme, antivaccins, anti-OGM, voire antiavion, anti-Tour de France… Le progrès est, pour certains de ces écologistes, une idéologie pernicieuse et dangereuse, un mythe qui aliène la liberté des individus, comme l'écrivaient en leur temps Jacques Ellul ou Ivan Illich. Ces Verts anticapitalistes, à la différence des Grünen allemands, défendent le surplace ou la décroissance. Quelques-uns, plus honnêtes, annoncent d'ores et déjà que le coup de frein frappera les plus modestes et les plus exposés, qu'il faut se préparer à un atterrissage douloureux.

Le courant écologiste français est le produit de nombreuses influences. Il regroupe anciens cathos de gauche issus de la JOC (Jeunesse ouvrière chrétienne), anciens gauchistes des années 1970 formés à l'agit-prop, aux procès staliniens sans appel, aux coups tordus d'appareil, ou enfin altermondialistes des années 2000 antimarché libre. Tous ont en commun de haïr l'économie de marché, les grandes entreprises, les mobilités et la production. Tous considèrent de près ou de loin que l'homme est coupable de piller les ressources de la Terre. Les Verts nous préparent en réalité une société du rationnement. En arrivant au monde, chaque individu, selon eux, hérite un droit de tirage limité sur son environnement… jusqu'à son terme de vie !

Des écologistes européens avancent timidement l'idée qu'au-delà d'un certain âge il devient inutile de soigner les malades. Chaque vie se résumerait à une quantité de CO_2 émise, à une empreinte environnementale. Dès 1979, des chroniques de l'ONG Greenpeace estimaient que les valeurs humanistes devaient être remplacées par des valeurs supra-humanistes. Traduisez : chaque cellule de vie est égale, aucune n'est supérieure à l'autre, l'homme est un résident de cette terre et la santé de la planète (*One Health*) prime sur tout. L'homme n'étant pas raisonnable au sens de la morale kantienne, il convient de le contraindre. C'est pourquoi ces écologistes proposent un contrat d'usage très encadré à chacun d'entre nous. Ils ne croient pas en la promesse du rapport Brundtland (1987) sur le découplage croissance/nuisances. Leur point de vue est que le progrès des techniques, la décarbonation des modèles de production ou l'arrivée du digital conduiront à un monde encore plus consumériste et, à ce titre, encore plus dangereux.

Face à la peur, ils proposent le repli. La peur peut être utile, dit le philosophe fétiche des écologistes Hans Jonas (1903-1993), inventeur d'une formule ambiguë, la « dictature bienveillante ». La peur permet d'anticiper les catastrophes et de les prévenir. Elle postule une responsabilité non pas uniquement pour les actes passés mais aussi pour l'avenir. Dans certains cas cependant, elle justifie le pire et conduit à des solutions inappropriées. Sur quelles preuves scientifiques incontestables les écologistes fondent-ils leur jugement ? Et si ce vaste maelström idéologique était destiné à prendre la main sur la société ? Quelles sont les vraies références idéologiques des écologistes français ? À quoi ressemblerait la société du rationnement qu'ils nous proposent ? La démocratie telle que nous la connaissons y aurait-elle encore sa place ? Quels sont leurs projets politiques ? La question posée est celle de la raison humaine. Faut-il lui faire confiance ou, au contraire, assumer la contrainte comme le font déjà quelques élus municipaux écologistes ?

La gauche social-démocrate, humaniste[1], ayant renoncé à la révolution, la gauche de Michel Rocard qui misait sur le progrès pour améliorer la condition humaine sera-t-elle, et pour longtemps, surpassée par la gauche verte, porteuse d'un nouveau panthéisme, habitée par le doute ? Après les élections municipales de 2020, puis régionales et départementales de 2021, le parti socialiste, qui avait si longtemps dominé la gauche, semble dépassé par l'émergence de courants radicaux sur sa gauche. C'est un changement historique dans l'histoire de la gauche française, et bien plus accentué en France qu'ailleurs. Pouvons-nous confier notre avenir à des gens qui sont clairement misanthropes, à des militants qui ont déjà fait le procès de l'humanité et l'ont condamnée pour ses fautes ?

1. À Bade Godesberg, le SPD renonce au marxisme et prend clairement position en faveur de l'économie de marché.

1

Le cauchemar vert… une fiction ?

Paris, 15 août 2045. Un ciel bleu, sans un nuage. Quelques touristes italiens déambulent bruyamment dans le jardin des Tuileries. D'autres visiteurs, des Français du Sud-Ouest, traversent les jardins potagers ouverts aux Parisiens du quartier. Ils ont choisi d'utiliser leur crédit mobilité annuel pour passer cinq jours ouvrés à Paris. Ils s'y connaissent en culture, c'est leur métier depuis des générations. Ils peuvent sourire en traversant ces espaces jardiniers qui alimentent de temps à autre un petit marché local.

Depuis 2025, Paris s'est doté d'un commissariat à l'agriculture urbaine, comme d'autres villes de France gérées par les écologistes. En 2020, Paris comptait 30 hectares d'agriculture urbaine. Rendements faibles et qualité variable, mais qu'importe : pour l'équipe municipale, il fallait insister. C'est ce qui a été fait. Des espaces de culture maraîchère ont été ouverts dans les « dents creuses » de la ville. L'affaire n'a pas été conclue du jour au lendemain. La géographie de la ville a évolué lentement, mais sûrement. Au même rythme que sa géographie politique. Un glissement lent et, pour cette raison, imparable. Les socialistes élus avec les Verts ont gouverné la ville jusqu'à ce que leurs alliés réalisent un des plus beaux hold-up de l'histoire politique. Hidalgo, l'ancienne maire, a dû remettre les clés de la ville, comme les bourgeois de Calais aux Anglais. Mais cette fois, les assaillants étaient à l'intérieur. Ils ont menacé de mettre en minorité la maire et ses troupes sur leur gestion calamiteuse. En 2030, le déficit de Paris était supérieur à 15 milliards d'euros. Anne Hidalgo n'est jamais parvenue à maîtriser les dépenses de fonctionnement de la ville, auxquelles participaient, paradoxalement, les Verts. Les 35 heures n'ont été appliquées à la mairie de Paris qu'à l'issue d'un long mouvement social entraînant la paralysie des services de propreté. L'armée mexicaine a plombé les budgets. On travaillait 32 heures, à Paris. Imaginez. Entre deux et trois mille équivalents temps plein pour pallier les heures perdues ! Les Verts ont posé un ultimatum en 2030, après que le fruit a mûri : le silence sur les finances contre le contrôle du conseil. Les alliés de l'équipe municipale, communistes et insoumis, très minoritaires à Paris, avaient tous d'autres projets, par exemple dans le domaine du logement, et voulaient édifier de nouvelles constructions pour accueillir des familles, respecter leurs engagements de campagne : rendre Paris aux Parisiens ! Les Verts s'y sont opposés. Les arbres et les champs avant les personnes ! La nature d'abord.

De la végétation et, ensuite, des individus. Mais pas l'inverse. Il fallait choisir entre une ville verte et une ville dense. C'est la première qui s'est imposée. En vingt-cinq ans, Paris est passé d'un peu plus de deux millions d'habitants à 940 000. Oh, la ville est calme. Voire champêtre. Elle ne ressemble plus à une capitale, totalement dépassée par Londres pour son attractivité commerciale et son dynamisme économique. Mais, à

Paris, on entend tinter les sonnettes des triporteurs dans l'ancienne rue de Rivoli, rebaptisée « promenade florale Yves-Cochet », en hommage à cet ancien ministre présenté dans les manuels scolaires comme le « père de la décroissance ».

Les voitures, mêmes électriques, ont disparu du périmètre central de la vieille ville. La mairie s'est beaucoup appuyée sur la réglementation européenne quand elle pouvait servir ses intérêts de court terme. Dans plusieurs villes du Vieux Continent, les voitures thermiques ont disparu entre 2025 et 2035, en particulier en Norvège et aux Pays-Bas. Comme beaucoup de maires écologistes, la socialiste Hidalgo a tout fait pour dégoûter les automobilistes, au cours de ses deux mandats. Dix ans pour rationner le nombre d'entrées, réduire la vitesse et supprimer les places de parking. Paris est un écrin… vide. Les pauvres ne viennent plus au centre-ville. Pour y accéder, il faut acheter un permis de circulation, hors de prix. Des navettes électriques de livraison sont autorisées à circuler tôt le matin et tard le soir. Les ruptures d'approvisionnement sont régulières dans les magasins alimentaires. Les Parisiens s'y sont habitués. Ceux qui vivent encore là sont les militants les plus convaincus de la justesse d'une révolution verte. Ils croient dans les vertus d'une ville lente. Le concept de décroissance est clairement revendiqué.

Imaginez : un grand champ de cultures vivrières face aux Invalides, des quais totalement végétalisés. Les voies de circulation, qui ne servent plus à rien, ont été réaménagées en chemins piétonniers et en pistes cyclables. En remontant la Seine, la végétalisation du parvis de l'hôtel de ville a donné lieu à de très lourds travaux de terrassement. Le premier étage du parking souterrain sous la place a été rempli de terres fertiles et, pour soutenir ce poids, des tonnes de ciment ont été coulées au second sous-sol. Une aberration écologique, pour quelques chênes, mais l'équipe municipale y tenait. En dépit des avis d'experts et d'un bilan carbone calamiteux dénoncé par l'opposition, le petit bois a vu le jour. Maigre consolation : il offre désormais un peu d'ombre sur une place désertée par le public.

Il faut dire que les quelques attractions commerciales de la place de l'Hôtel de Ville ont disparu. Les cinq étages supérieurs de l'ancien BHV ont été achetés par la mairie et transformés en Université populaire Ali-Shariati, l'université de la différence et des communautés. Lorsqu'il s'est agi de nommer cette nouvelle cathédrale du savoir alternatif, les débats ont été longs et passionnés, au Grand Conseil citoyen de la ville. Les noms du psychiatre antillais et chantre de l'anticolonialisme Frantz Fanon, de l'historien et sociologue Jacques Ellul, de l'économiste décroissant Serge Latouche avaient été avancés. Le conseil municipal souhaitait plutôt honorer la mémoire de ses grands anciens, ces premiers élus qui avaient porté les idées fondatrices du mouvement. On est parfois prisonnier de ses propres excès. La démocratie par acclamation, portée aux nues par les élus eux-mêmes, s'est finalement imposée et c'est le nom du sociologue et philosophe iranien passé par la Sorbonne en 1959 qui est sorti. Ali Shariati, mort en 1977, un peu plus d'un an avant la prise de pouvoir par l'ayatollah Khomeiny en Iran, fut le véritable théoricien de la révolution islamique, à travers le concept d'islamo-marxisme, qu'il a inventé afin de concilier la religion et la lutte des classes, considérées jusqu'alors comme antagonistes par les marxistes traditionnels, et dont le mélange pouvait se transformer en dynamite pour faire exploser l'Occident libéral.

Revenons à notre vieux Bazar de l'Hôtel de Ville, honorable bâtiment mis en service en 1856, quatre ans après le Bon Marché, deux symboles honnis de la société de consommation. Le magasin a conservé son sous-sol historique, dédié aux travaux de la maison et du jardin. Le « fait maison » est devenu une activité dominante. Pas toujours très rentable et pas toujours très sûre, car on ne compte plus le nombre d'empoisonnements dus au retour des ravageurs en plein Paris. Tous les produits phytosanitaires et toutes les molécules de synthèse sont hors la loi locale, strictement interdits à la vente – et sur d'autres territoires du pays totalement interdits à la production. On trouve encore quelques circuits officieux pour se procurer des produits phytosanitaires. Même le commissariat à l'agriculture biologique a dû retirer de la vente l'huile de neem (produit issu du margousier) pourtant compatible avec des cultures biologiques, tant elle finissait par souiller les sols.

Les élus écologistes qui géraient quelques grandes villes de France ont procédé à la végétalisation et à la gentrification des centres-villes où les classes populaires ont disparu. Pour ceux qui n'étaient pas convaincus, ils ont tout misé sur la rééducation. Il fallait commencer par là. Ils ont inventé le concept de *post-vérité*. Il est des vérités au-delà de la vérité, des vérités au-delà de la science et, même si la science montre le Réel, elle peut mentir... Les scientifiques ont été recadrés. Ce fut, au début des années 2020, la première étape d'un vaste programme « d'émancipation » par l'écologie. Le mot d'ordre était de s'émanciper de la science. Pourquoi ? Parce que celle-ci était favorable aux scientifiques, et que les scientifiques n'ont pas vocation à dire ce qui est vrai. On leur demande désormais de refléter fidèlement la morale sociale.

L'université populaire Ali-Shariati, face à l'Hôtel de ville, a servi de prototype. On y a enseigné toutes les grandes matières, mais en y introduisant le corpus idéologique naturaliste : les sciences humaines ont pris le pas sur les sciences exactes, dont les recherches ont été totalement réorientées. Quand la science ment, il faut la passer au tribunal de la morale sociale ! Les enseignements dispensés dans les salles de l'université Shariati sont inspirés des enseignements de l'université américaine. Études de genre, études racialistes, enseignement des luttes intersectionnelles. Le magistère Rokhaya-Diallo est l'un des plus prestigieux. On y apprend comment la pensée blanche a été l'outil de domination des « Damnés de la terre », et que « pour les populations issues de l'histoire coloniale, les Lumières ont été plutôt aliénantes », selon la formule de la militante indigéniste Houria Bouteldja. Le débat sur les Encyclopédistes, sur le siècle des Lumières a changé de nature. Les auteurs du XVIIIe siècle qui n'avaient pas pris clairement position contre l'esclavage ont été soit déréférencés, soit exclus du contenu des enseignements. Voltaire a été banni, Diderot maintenu grâce à sa récusation magistrale de l'esclavage dans l'*Histoire des deux Indes* de 1780. Rousseau est considéré comme suspect. Lui qui, rapporte un témoin de son temps (Louis-Sébastien Mercier), se serait moqué d'un Noir charbonnier lors d'une promenade sur un quai. Victor Hugo, auteur de la terrible formule « au XIXe siècle, le blanc a fait du noir un homme », est écarté. Même prononcés en présence de Victor Schœlcher, les mots du grand homme le chassent pour toujours des enseignements. Le père des *Misérables* paie le prix de sa formule du 18 mai 1871, « rendre la vieille Afrique maniable à la civilisation, tel est le problème, l'Europe le résoudra ».

Un comité de révision des grands textes a été constitué pour nettoyer les auteurs indignes de l'enseignement. Quelques professeurs ont protesté, prétextant à juste titre que ces auteurs seraient étudiés sous cape, que les écarter reviendrait à en faire des martyrs et à abolir l'analyse historique. Rien n'y a fait. Au contraire, l'enseignement de la sociologue américaine Robin DiAngelo a été rendu obligatoire, en particulier son ouvrage sur la « fragilité blanche ». On enseigne aussi la pensée de l'historien journaliste britannique Chris Harman, dirigeant du Socialist Workers Party, mouvement trotskiste, auteur d'une formule célèbre : « Avec les islamistes parfois, avec l'État jamais ». L'éducation ou plutôt la rééducation sont élevées au rang de grande cause écologiste. Les étudiants ont été invités à travailler sur les centaines de textes de Chris Harman, publiés en langue anglaise dans des revues révolutionnaires, et portant sur l'histoire des idées. Harman estime par exemple que l'expérience communiste en Union soviétique n'a été qu'une réplique du capitalisme sous forme bureaucratique et étatique. Il dit aussi que les « révolutionnaires ne peuvent apporter leur soutien à l'État contre les islamistes, mais les révolutionnaires ne peuvent pas non plus soutenir les islamistes qui ne sont pas nos alliés ». Il choisit son camp et, avec lui, tous les militants qui adhèrent à sa pensée : « Sur certaines questions, nous serons du côté des islamistes, contre l'impérialisme, contre l'État, notamment en France et en Grande-Bretagne. »

L'enseignement de l'histoire et de la philosophie est réduit à celui des luttes historiques. Antonio Gramsci, révolutionnaire italien, membre fondateur du Parti communiste italien, jugé trop absent des enseignements bourgeois, est désormais présenté comme celui qui a révélé le rôle des cultures dominantes, le poids des représentations. Gramsci est un exemple vivant en faveur du combat des classes exploitées. Il est à l'origine du mouvement des conseils, en Italie du Nord, à Turin, où il participe à la création de ces assemblées locales et délibérantes sur le modèle des soviets. Un vaste mouvement de révisionnisme académique a été engagé. Trotski et l'histoire des mouvements minoritaires sont désormais le cœur des grands progrès pédagogiques des sciences humaines et sociales. Ces enseignements ont été magnifiés, mais outre l'islamo-marxiste iranien Shariati et le trotskiste britannique Chris Harman, de nouveaux noms sont apparus : René Dumont, premier candidat écologiste à une élection présidentielle en France, en 1974 ; Albert Gore, vice-président des États-Unis sous Bill Clinton, engagé ensuite dans la lutte pour sauver la planète ; Greta Thunberg, dont la statue a remplacé celle de Jeanne d'Arc, place des Pyramides, à Paris.

Dans le domaine des sciences exactes, les enseignements consacrés au génie génétique ont été définitivement interrompus dans les universités des régions écologistes. À la demande de collectifs d'étudiants, l'enseignement des écoles d'agronomie a été révisé. La France a totalement fait l'impasse sur le matériel génétique des plantes, sur la lutte contre les ravageurs, sur les techniques agricoles de pointe. Elle est absente des grands progrès réalisés aux États-Unis, en Chine et en Allemagne. L'appauvrissement de sa culture scientifique l'a condamnée à une agriculture paysanne peu productive mais « potagère ».

Comment une telle transformation a-t-elle été possible ? Comment les électeurs se sont-ils laissé rouler dans la farine ? La gauche « canal historique », socialiste et communiste, qui avait fait une partie du chemin avec les écologistes, a été disqualifiée dès que les Verts ont pu s'en passer. Certains avaient tiré la sonnette d'alarme – mais on croit ce qu'on aime croire ! Les naïfs… Des procès populaires ont été instruits contre ceux qui avaient défendu un socialisme réformiste compatible avec l'économie de marché. On a débaptisé la place Anne-Hidalgo, l'ancienne maire socialiste, dont la lutte contre l'automobile fut jugée par ses successeurs « superficielle ». Des poursuites judiciaires ont été engagées contre Dominique Voynet, ancienne ministre et chef de file des Verts à la fin du XXe siècle, pour « collaboration » avec un gouvernement productiviste. « Je ne savais pas les conséquences de mes actes », a plaidé la vieille dame, dont le spectaculaire procès fut comparé par certains observateurs à celui intenté dans les années 1990 à un ancien préfet du régime de Vichy, Maurice Papon. La politique agraire du régime de Vichy a été réévaluée au détriment de la nucléarisation et de l'industrialisation de la France amorcées par le général de Gaulle. En 2035 a été publiée une liste des organisations interdites, incluant la FNSEA et les Coopératives de France. Les grands acteurs du traitement des maladies ont été poussés vers la sortie, en même temps que la production de solutions phytosanitaires était définitivement placée hors la loi. Paris et les grandes villes vertes sont devenues des laboratoires idéologiques, des terrains d'expérimentation de nouvelles politiques publiques.

Ainsi, à partir de 2030, les écologistes ont enfin donné suite à la revendication historique de l'association

Youth for Climate, qui réclamait la réquisition définitive des logements vides. Aucun tribunal ne peut plus désormais faire appliquer une décision de justice qui irait à l'encontre du droit opposable au logement. La loi est contestable, comme la propriété privée, proclamaient dès 2025 les activistes de Youth for Climate. « Refusons ce monde dicté par l'argent et les lois en faveur du système capitaliste qui expulse violemment, spécule, discrimine et tue. Lutter contre la gentrification est une lutte écologiste. »

En 2030, toutes les grandes villes vertes appliquent la politique des transports en commun « genrés ». Au prix de leur ralliement, les associations et mouvements féministes ont obtenu la fin de la mixité dans les autobus et les métros. Hommes et femmes sont désormais séparés. Une partie des travées est interdite aux hommes. Aucune solution n'a pu être trouvée pour séparer l'entrée dans les autobus, mais aux arrêts, des files d'attente distinctes sont tracées au sol. La file « Alice-Coffin » du nom d'une militante féministe radicale, ancienne élue de Paris, est strictement réservée aux femmes. Les files d'attente ne sont pas toutes respectées de la même façon, sauf dans les quartiers qui accueillent des populations musulmanes. Les représentants les plus fondamentalistes du culte musulman ont obtenu satisfaction sur de nombreux sujets du quotidien, au grand dam des intellectuels et des savants de l'islam, qui défendaient une sécularisation des pratiques religieuses. La haine anti-« mâle blanc » a grandi. Les signaux faibles étaient apparus au début des années 2020, sur les bancs des universités. Première salve, un message posté sur Twitter par une dirigeante du syndicat étudiant Unef, Hafsa Askar, la vice-présidente de l'Unef à Lille, « on devrait gazer tous les blancs, cette sous-race ». Aucune voix autorisée n'avait protesté, à l'époque. Funeste erreur. Laissez passer une fois et vous laisserez passer mille fois.

Dans la France des années 2030-2040, les sujets de conflit ne manquent pas : haine de la science, haine du marché et des entreprises, haine de l'État central et de la laïcité. Rousseau prétendait que la loi est au-dessus de l'homme. Ceux qui se réclament de lui au XXe siècle pensent que la nature est au-dessus de l'humanité. Notre belle société de concorde articulée autour de la laïcité a disparu pour laisser place à un monde *genré* et communautarisé. Les biais idéologiques se sont imposés progressivement. Rien d'étonnant. Il suffit de 10 % de militants convaincus, de 10 % de suiveurs et de 20 % de clones pour faire basculer une société constituée à 70 % d'indécis. Les conséquences sont assumées par tous, mais la bascule tient à une poignée d'individus bien organisés...

Si on peut toujours s'en étonner, la relecture des livres d'histoire rappelle que la grande Histoire est souvent faite par les minorités. Les métropoles dirigées par des écologistes ont agrégé toutes les revendications minoritaires de la société. La consommation de viande et de produits carnés s'est épuisée. Le véganisme a progressivement gagné du terrain. Et toujours avec de bons arguments de départ. L'excès de viande est mauvais pour la santé comme pour l'environnement. L'opinion a été chauffée à blanc par des documentaires sur la survenue de cancers de l'appareil digestif. Les films sur la mise à mort des animaux dans certains abattoirs ont provoqué l'indignation. Mais était-elle bonne conseillère, d'autant que l'opinion ne savait rien de l'abattage rituel par égorgement des animaux dans les centres agréés par les autorités musulmanes. Les Verts n'ont pas osé s'en prendre à leurs amis de circonstance.

Les filières d'élevage ont progressivement disparu. Dans les centres urbains gérés par des écologistes, la restauration collective exclut la consommation de viande. Dans un premier temps, l'introduction de menus végétariens a été imaginée comme une option. Nous avons compris, mais un peu tard, qu'il s'agissait du coin dans l'arbre. Le bûcheron lui donne un coup de marteau une fois par jour et un beau matin, l'arbre tombe… Puis, c'est la consommation de produits carnés qui est elle-même devenue optionnelle, jusqu'à disparaître. À Paris comme à Lyon, Grenoble, Bordeaux, les boucheries ont fermé. La place des Victoires a été rebaptisée place Joaquin-Phoenix, du nom de cet acteur hollywoodien promoteur du véganisme, auteur d'un documentaire culte (*Gunda*, 2020), consacré aux dernières heures de la vie d'une truie et de ses petits. Le courant antiviande s'inspire de la pensée de Donald Watson, fondateur de la Vegan Society. Cet Anglais né au début du XXe siècle éprouve de la sympathie pour les animaux. Pour lui aussi, l'abattage d'un cochon va jouer un rôle déterminant, le pousser à renoncer à toute consommation de viande puis de produits laitiers. Les écologistes qui siègent dans les assemblées locales ont été tenus de s'aligner sur les courants les plus durs de la « base ». Des îlots orthodoxes surveillent l'espace public. Ils n'hésitent pas à demander des comptes aux rares commerces locaux qui vendent encore des produits à base de lait d'ânesse, de cuir, de laine ou de mohair.

Des établissements ethniques halal ont survécu dans les quartiers à majorité musulmane, une concession aux alliés des autres minorités, au titre de leur « intégration sociale ».

Les groupes de pression antiviande ont beaucoup joué sur la honte. Rien de tel pour disqualifier une cible. Ils ont occupé les travées du conseil municipal de Paris, déployé des calicots illustrés de photographies d'abattoirs, pulvérisé un liquide rouge sur les élus rétifs, manifesté sous leurs fenêtres, harcelé leurs familles. Ils ont pris l'opinion à témoin, joué sur ses bons sentiments. La honte marche en binôme avec l'humiliation. Tous ceux qui étaient visés, c'est-à-dire les bouchers eux-mêmes puis « leurs complices » les clients, les consommateurs, ont dû porter le poids de la honte. Toutes les occasions pour les humilier publiquement ont été utilisées. L'humiliation est plus forte que la loi. Encore plus dissuasive. Elle marque au fer rouge. L'humilié se demande s'il n'est pas l'objet d'un jugement permanent du groupe.

Dans cette société de genres, de clans et de groupes, dans ce monde où l'existence individuelle est indexée sur l'appartenance à une communauté, tout le monde ne fréquente pas tout le monde. Les interactions sociales entre communautés sont réglées. Celles-ci peuvent s'entendre sur des règles communes dans l'espace public. Sa neutralité a d'ailleurs été abandonnée. La neutralité de l'État est un concept du passé. La société s'est transformée en une immense salle d'audience, où le procès des déviationnistes est permanent. Une sorte de Big Brother insidieux. On peut lutter contre un tyran, on ne peut en revanche rien, quand toute la société se met à qualifier votre comportement et à le juger. La vraie dictature est là. Il n'existe ni texte ni jugement pour vous disqualifier. Vous êtes simplement humilié et vous avez honte. Procès sans appel !

Des Zad partout !

Dans les premières années de leur mandat, au début 2020, les maires écologistes ont encouragé les mouvements d'insoumission à l'ordre bourgeois, quitte à violer la loi : coup de main des activistes contre les vitrines bancaires, actions violentes contre les multiples coupables du réchauffement climatique. Ils ont laissé reconstituer des Zad, des « zones à défendre ». La Zad de Notre-Dame-des-Landes appartient désormais à la mythologie de l'écologie politique. Les militants qui ont participé à ce premier grand happening écolo se sont fait tatouer un « Z » stylisé sur le bras droit. Signe de reconnaissance et de distinction. Ils sont l'aristocratie des « luttes » ! Notre-Dame, c'est la bataille d'Austerlitz des Verts, le premier trophée offert par le pouvoir central. Une succession de lâchetés, à commencer par celle d'un Premier ministre du début du XXIe siècle, l'ancien maire de Nantes, Jean-Marc Ayrault. La Zad de Notre-Dame-des-Landes, territoire de haute lutte dans lequel une poignée d'irréductibles est venue à bout de la machine étatique, a fait jurisprudence et a consacré un principe d'action : la convergence des luttes.

Le pouvoir central aurait dû en tirer une double leçon dans sa gestion de crise. Il ne l'a pas fait. Il aurait dû être vigilant sur la transversalité des luttes et sur l'observation attentive des signaux faibles. Les services de renseignement avaient averti. Ils n'ont pas été suivis. Les premières violences sont toujours de basse intensité. On s'en prend à des engins de chantier, aux installations électriques, à un centre des impôts, aux symboles du marché ou de l'État et, quand le pouvoir laisse passer les premiers signaux sans réagir, il est déjà trop tard.

Le Carrousel du Louvre a ainsi été l'un des premiers sites investis par les zadistes.

Double symbole : passage commercial dédié aux touristes, ces prédateurs de l'environnement, et lieu symbolique de l'Ancien Régime. À Paris, la tête de l'État aurait dû être vigilante. Il faut se méfier des mouvements de jonction ou d'agrégation. La jonction entre les groupes contestataires s'est faite à bas bruit. Les maires écologistes ont laissé leurs militants les plus convaincus, dont ceux qui se livraient à des violences contre les personnes ou les biens, s'installer dans les espaces naturels des grandes métropoles, les bois, les zones faiblement habitées, les parcs et jardins. Pour ces élus, il s'agissait de redonner la primauté au politique sur tout le reste. C'était aussi une concession inévitable au « canal historique » de l'écologie politique. Les zones à défendre se sont multipliées, profitant de la faiblesse des institutions de la République. Dans le bois de Vincennes, à proximité de Paris, au parc de la Tête d'or à Lyon, sur l'île de Nantes dans sa partie la plus verte, au jardin des Plantes de Toulouse, sur le foncier de l'ancien aéroport de Strasbourg...

Les zadistes se sont abrités derrière l'expérience des pionniers de Rochdale, en Grande-Bretagne, au XIXe siècle, première grande tentative d'autogestion, qui a ensuite donné l'idée des coopératives de production. La question posée était celle de l'autonomie de ces petites enclaves. Elle n'a jamais été traitée sur le terrain juridique, mais la politique du fait accompli s'est imposée au fil des années. Les « pionniers » ont appliqué les principes proclamés *urbi et orbi* par les penseurs de la cause verte : ni autorité ni modernité. Personne ne juge personne, y compris les délinquants et les criminels qui trouvaient refuge dans les Zad. Des problèmes d'hygiène sont apparus assez vite, notamment celui des déchets qu'il fallait brûler. Une épidémie de variole est d'abord survenue dans le bois de Vincennes. Elle s'est rapidement propagée. Sans le concours de la vaccination, les maladies ont prospéré. Y compris celles qu'on croyait disparues. Les virus circulaient à bas bruit. Et une fois les barrières levées, ils sont revenus. Les épidémies se sont diffusées au cœur des villes. Assez rapidement, les hôpitaux et les services de santé ont été débordés. Les « antivax », les groupes écologistes inspirés par l'ancienne députée verte Michèle Rivasi, parfois encouragés par des médecins radiés de l'Ordre, voulaient imposer le renoncement aux vaccins.

Que n'a-t-on entendu, à l'époque ! Que ces vaccins étaient plus dangereux que les maladies elles-mêmes, qu'ils comportaient des particules d'aluminium cancérogènes, que dans certains cas, ils véhiculaient des nanoparticules de traçage et donc d'espionnage des itinéraires personnels. Sacrilège ! On a donné la parole à des personnalités en vue, des acteurs de théâtre et de cinéma, des personnalités qui n'avaient aucune formation scientifique mais dont la seule qualité était d'avoir une opinion en ligne avec l'idéologie officielle des Verts. En mai 2020, l'actrice Juliette Binoche avait montré la voie en dénonçant les vaccins et la 5G, des technologies depuis longtemps conçues par des groupes financiers internationaux, principalement américains. « Les vaccins en font partie : mettre une puce sous-cutanée pour tous, c'est NON. Non aux opérations de Bill Gates, non à la 5G. »

L'histoire humaine s'était repliée sur elle-même, nous étions revenus en arrière ; les solutions miracles, portées par des chamans, avaient séduit l'opinion de ceux qui n'avaient pas d'opinion. La santé par les plantes ! Illusoires protections contre des virus qui ont précédé les êtres humains sur cette Terre… Dans cet univers mental, la vaccination était devenue un antiprogrès qui entretenait la fortune de « Big Pharma » – formule simpliste pour disqualifier les profits des grands laboratoires pharmaceutiques, en oubliant au passage les milliards investis, en pure perte dans quatre-vingt-dix-neuf cas sur cent.

La maîtrise des épidémies aurait dû imposer le démantèlement des zones infectées, mais les Verts ne voulaient pas rendre les armes. Ils ne voulaient surtout pas admettre que la science aux mains d'une minorité de « sachants » permettait de lutter efficacement contre les méfaits de la nature. La science devait, pour eux, s'arbitrer au suffrage universel et aux représentations idéologiques. Elle devait devenir plus démocratique, sortie du monopole des scientifiques ! La vérité est politique, la science est aveugle ! Mais il y avait aussi un autre argument en faveur des Zad. Au fil du temps, elles s'étaient multipliées et étaient devenues des milieux clos, inviolables, gardés comme dans la tradition de Notre-Dame-des-Landes, voire piégés. Des microsociétés dans la société. Elles servaient aussi, comme dans le bocage breton, à cacher les immigrés clandestins, parfois même les repris de justice. « La prison forme la délinquance », disaient en substance ses adversaires ; il fallait donc abattre les lieux de rétention. Victoire ultime de l'esprit de renoncement, la société abîme les hommes, elle doit accepter leurs anomalies de comportement. Les délinquants sont d'abord des victimes des injustices du capitalisme. La société doit les réparer. Quitte à en payer le prix.

Comment passer de la fiction à la réalité

Tout ceci n'est-il que fiction ? Pouvons-nous raisonnablement ignorer cette hypothèse d'une France fracturée, laminée dans ses grands principes et finalement séduite par la promesse verte, par l'hypothèse d'un retour aux sources ? Le retour vers l'histoire, vers le passé, est une qualité et un défaut français. La République est fragile et la crise sanitaire a fait ressurgir les peurs, les jalousies, les angoisses accumulées dans la société. Des peurs jamais traitées, la plupart du temps à cause de la lâcheté du pouvoir politique. Il faut garder à l'esprit que le temps politique et le temps des évolutions technologiques et économiques se sont très largement décorrélés au cours des vingt dernières années. Les calendriers se sont éloignés. Le monde va plus vite que la politique. Il peut donner l'impression d'un tourbillon incontrôlable.

La question du contrôle de nos vies est centrale. Elle est rarement posée en ces termes, mais c'est ainsi qu'elle est ressentie. Nous perdons le contrôle, comme le décrit avec précision Howard Bloom dans *Le Principe de Lucifer*[1]. Dans ce contexte qui produit du découragement, de la confusion, voire de la frustration, méfions-nous d'un peuple qui vit dans un paradis social inégalé mais qui a le sentiment de traverser l'enfer ! Nos faiblesses sont leurs forces : la force de tous ces mouvements qui entendent changer de fond en comble le monde. Ce sont nos questionnements, nos hésitations, l'indigence et la lenteur des politiques publiques qui font peser un danger sur le fragile équilibre des sociétés modernes. Pourtant, chaque année, la

1. Le Jardin des Livres, 2001.

France distribue 750 milliards de prestations sociales, elle mène des politiques d'assurance, de couverture des risques comme nul autre pays dans le monde. Nous sommes cependant insatisfaits, parfois jaloux, souvent envieux.

Les Français sont le peuple des bons sentiments. Ils savent être généreux, mais le ferment de la contestation les habite, avec des périodes de pic, qui sont aussi des périodes de risque. Dans ces périodes troubles, la tentation est forte de tout casser, de renverser la table. Les Français ne sont pas des réformistes. Les extrêmes profitent de ces moments pour se glisser par la porte. On les voit d'ailleurs régulièrement pousser leurs pions, sous le nez de ceux qui gouvernent. En 2020 et 2021, deux exemples simples : à Paris, le restaurant Le Petit Cambodge est occupé par des squatters qui protestent contre la « gentrification du quartier ». Ils se réclament d'organisations proches des écologistes et reçoivent d'ailleurs le soutien des élus verts de l'arrondissement. La maire de Paris, Mme Hidalgo, socialiste, dont l'existence politique est suspendue au bon vouloir des écologistes, est en liberté surveillée. Elle discute, en coulisse, elle négocie mais elle a perdu sa liberté. Mme Hidalgo n'est pas la seule prise au piège du verdissement. Au début de l'année 2021, le gouvernement du Premier ministre Jean Castex, reprenant les conclusions de la Convention citoyenne sur le climat, fait inscrire dans la loi le délit d'écocide, pour punir les entreprises qui nuiraient à l'environnement. Les nuisances sont assez floues, mais le mal est fait. Il désigne un coupable : le marché.

On oublie par ailleurs les immenses progrès accomplis par les grands secteurs industriels : nos véhicules consomment deux fois moins qu'il y a une génération, les constructeurs ont assaini le diesel, qui ne rejette pratiquement plus de particules fines, ils travaillent sur le moteur électrique et sur l'hydrogène ; dans l'aéronautique, Airbus annonce un avion propre pour 2035, dans le bâtiment et les travaux publics, les ciments bas carbone, les matériaux propres sont devenus la règle. Et pourtant, c'est toujours le monde de la production qui est montré du doigt. La surréglementation, les injonctions souvent ignorantes des réalités techniques et technologiques menacent non seulement les bonnes pratiques de nos entreprises mais constituent aussi un danger pour leur profitabilité. Emmanuel Macron, comme François Hollande avant lui, est prisonnier d'une idéologie peu scientifique reposant sur des idées simplistes : le transport aérien est un des principaux émetteurs de CO_2, seules les voitures électriques sont propres, etc.

De surcroît, la France, qui représente seulement 1 % de la population mondiale, est globalement très vertueuse dans le domaine de l'environnement. Mais c'est en France que la contrainte écologiste est la plus radicale. Les groupes écologistes et les ONG (organisations non gouvernementales) qui les soutiennent, comme France Nature Environnement, Greenpeace, XR (pour Extinction Rebellion) et beaucoup d'autres se nourrissent des anomalies de fonctionnement de notre monde. La peur du lendemain, forcément menaçant, est vivace. Elle est entretenue par la conscience que les Français ont de leur passé récent. Les Trente Glorieuses furent une exception dans l'histoire économique et humaine. On oublie souvent de préciser qu'elles ont été possibles en partie parce que la France avait été dévastée par la Seconde Guerre mondiale. Si l'on veut tirer les conclusions jusqu'au bout, la bonne fortune des générations postérieures s'est bâtie sur les morts de la guerre !

Un passé mythifié, un présent incertain, et c'est assez pour que la tentation de l'effacement s'impose. Effacement du monde d'hier, de ses excès, effacement de l'ordre politique et émergence de nouvelles gouvernances présumées plus démocratiques parce que plus proches, mais aussi effacement de la culture et de l'histoire nationales. Colbert déboulonné pour son Code noir, Napoléon mis à terre pour avoir rétabli l'esclavage, Voltaire décapité, lui aussi « esclavagiste »… Notre histoire ne peut pas être réécrite. Elle est ainsi, d'un bloc, on ne saurait séparer le bon grain de l'ivraie comme on ne devrait pas juger hier avec les yeux d'aujourd'hui. Ont existé des personnages monstrueux dans notre récit national, mais est-ce suffisant pour effacer ce que nous sommes ? Prudence et méfiance… Comme le dit le bon sens populaire, auquel on devrait se fier régulièrement, on sait ce qu'on perd mais on ne sait pas ce que l'on trouve !

2

Le retour des grandes peurs

La scène se passe aux rencontres d'été du parti Europe Écologie Les Verts, au mois d'août 2020. Les écologistes accueillent d'autres formations de gauche. Ils se sont rapprochés des Insoumis, et c'est Manon Aubry, députée européenne LFI (La France insoumise), qui est à la tribune pour un échange de vues avec l'écologiste David Cormand. Manon Aubry est une ancienne porte-parole de l'association Oxfam (Oxford Committee for Famine Relief), elle-même très engagée à gauche et d'un anticapitalisme constant, créée en 1942 pour dénoncer le blocus maritime de l'Angleterre contre la Grèce occupée par les nazis. En France, Oxfam est aujourd'hui dirigée par Cécile Duflot. L'ONG publie des rapports sur les inégalités, souvent contestables en termes de méthodologie. L'objet est d'attirer l'attention de l'opinion. De façon générale, Oxfam dénonce les politiques suivies par les banques et les grandes entreprises. Chez Oxfam, Manon Aubry était spécialisée dans la lutte contre l'évasion fiscale et contre les inégalités sociales. Elle est tête de liste aux élections européennes de 2019 pour les Insoumis, mais rate le coche, avec un score très faible de 6,3 %.

David Cormand, quant à lui, est un ancien au sein du mouvement écologiste. Il soutient Nicolas Hulot depuis ses débuts chez Europe Écologie Les Verts. On pourrait penser qu'il est un pragmatique. Il est lui aussi député européen.

Les deux orateurs commentent la situation du pays. La France a vécu quelques mois de confinement pour lutter contre la pandémie de Covid-19. Aubry et Cormand évoquent le monde de demain, le monde qu'ils préparent pour les Français, et ils lâchent l'un et l'autre qu'il faudra légiférer « pour interdire ». Manon Aubry est explicite : « Est-ce que sortir de cette société de consommation, c'est poser des contraintes à nos libertés individuelles ? Il faut accepter de dire oui dans une certaine mesure. » Cormand abonde, « la promesse de la liberté par l'abondance n'est pas tenable. Limiter les libertés au nom du changement climatique n'est pas liberticide. Il faut légiférer et là, oui, je crois qu'il y a des choses qu'il faut interdire » ! Lesquelles ? La question est posée mais sans réponse. Un peu plus tard, Manon Aubry va plus loin. Elle se tourne vers l'assistance silencieuse et approbatrice, s'adresse à David Cormand : « On ne va pas se mentir, ce qu'on propose c'est un changement radical de notre modèle économique ». Elle évoque les conventions citoyennes, suggère de leur donner plus de pouvoir de décision et de contrôle. Pour un peu, elle leur confierait des arbitrages scientifiques complexes.

Au passage, méfions-nous des effets en trompe-l'œil. Les conventions citoyennes ont l'apparence de la démocratie directe. L'apparence seulement. Elles reposent sur le volontariat et sont peuplées de militants très décidés, voire préparés à ce type d'opération. Formidable perspective dans laquelle une élite autoproclamée viendrait dire ce qui est juste et ce qui ne l'est pas. En 1917, le soviet de Petrograd dirigé par Trotski se substitue à la Douma, élue au suffrage universel, dont les députés sont arrêtés. Le soviet est l'ennemi de la démocratie, l'expression de l'avant-garde éclairée, le déni du principe « un homme, une voix ». Les conventions citoyennes répondent à la même logique. Une élite est chargée de dire ce qui est juste. Or, ce qui est juste s'impose à tous. Les conventions citoyennes expriment souvent le politiquement correct : « Ce n'est pas vrai parce que ce n'est pas bien ! » En son temps, Arlette Laguiller avait osé en substance la formule suivante : « Une bonne sœur, qui vit aux crochets de la société, ne peut pas avoir une voix au même titre qu'un ouvrier qui produit de la richesse. »

Revenons à la tribune des Rencontres d'été d'EELV. Sur la méthode pour changer la politique, ni Manon Aubry ni David Cormand ne sont très prolixes. Ils ne disent pas comment ils imaginent l'exercice de la contrainte. On sait comment la contrainte se traduit en politique. Il suffit d'ouvrir les livres d'histoire ! Comparaison n'est pas raison, mais un seul exemple suffit pour se rappeler que la quête du pouvoir prend des formes multiples. D'une certaine manière, les Verts se situent dans cette tradition « putschiste » qui considère que les voix des minorités actives et « éclairées » valent plus que celles d'une majorité silencieuse et jugée rétrograde. Les réseaux sociaux les aident à évangéliser les publics connectés, en particulier des jeunes, toujours sensibles aux opérations de propagande. Aux élections européennes de 2019, les 18-24 ans ont réservé leurs suffrages à la liste écologiste pour 25 % et les 25-34 ans à hauteur de 28 % des votants de cette tranche d'âge. Ce vote vert chez les jeunes explique en grande partie le succès relatif de la liste conduite par Yannick Jadot. Les jeunes électeurs EELV sont plutôt issus « de milieux aisés, étudiants et diplômés », observait Daniel Boy, du Cevipof, dans *Le Parisien* du 27 mai 2019.

De mauvais arguments

Les dirigeants écologistes et une partie de la gauche radicale partagent cette conviction que les Français doivent être rééduqués. La société de consommation, pensent-ils, leur a donné trop de mauvaises habitudes. Ils se déplacent sans restriction, en voiture mais aussi en avion. Quelques voix écologistes, d'abord isolées puis rejointes par d'autres, dénoncent les week-ends touristiques à Londres, Rome, Prague. Ils sont devenus accessibles à un large public grâce aux compagnies aériennes low cost qui proposent des billets bon marché (et se permettent de gagner de l'argent !) Cette incontestable démocratisation du voyage est pourtant jugée dangereuse par l'écologiste Alain Lipietz. Pour les Verts, l'avion est devenu le symbole des mobilités inutiles et l'incarnation du mal. Il faut le rationner. Les incitations ne suffisent plus, il faut passer un cran au-dessus, il faut interdire, dans un système *on/off*, qui rappelle les règles religieuses : ce qui est licite et ce qui est illicite. Ces Verts mâtinés de gauchisme ont écrit une sorte de roman politique à la Dostoïevski, avec des élus et des ignorants. Cette jeune génération d'écologistes n'a pas connu les dérives idéologiques du communisme, les purges, les exclusions au nom du prolétariat ! Elle fait litière des grands procès du stalinisme. Et pourtant, quand un pouvoir affirme détenir seul la vérité et incarner le bien du peuple, il passe vite du statut de libérateur à celui de tyran. Les Verts se situent dans la lignée d'une gauche française incluant une partie du PS qui, dans sa majorité, n'a jamais voulu faire de bilan approfondi du communisme, se contentant globalement de la thèse du « stalinisme » expliquant le Goulag comme la dérive d'une révolution qui, dans son essence était bonne, d'où le titre du livre de Trotski : *La révolution trahie.*

Quelques indices devraient cependant nous alerter. Réunis autour de la journaliste Aude Lancelin, des élus EELV et Nathalie Arthaud débattent, à l'été 2020, de la lutte contre le capitalisme. La porte-parole de Lutte ouvrière est goguenarde. Elle provoque ses interlocuteurs avec cette formule mi-interrogative, mi-accusatrice : « Europe Écologie Les Verts vise le renversement du capitalisme ? » Piquée au vif, Sandra Regol, numéro deux des Verts, lui répond : « Oui, ça fait bien quinze ans que c'est écrit dans notre programme. » Arthaud a l'avantage. Elle va plus loin. « On peut toujours jouer sur les mots », dit-elle. Poussée dans ses retranchements, Regol est prise au piège. Elle dit : « Maintenant, si vous n'acceptez pas quand c'est écrit, développé, qu'il y a des propositions dans ce sens-là... » Le rideau tombe. Raquel Garrido, ancienne dirigeante de La France insoumise, est présente. Elle a suivi l'échange avec gourmandise. Son mari, Alexis Corbière, et Éric Coquerel, tous deux députés LFI élus en 2017, sont deux anciens de « la Ligue », formule abrégée pour parler de la Ligue communiste révolutionnaire. Se réclament-ils toujours de Lénine et de Trotski, qui furent de grands criminels ? Contrairement à la fable trotskiste, le Goulag n'a pas été une invention de Staline, mais de Lénine, dès le début de la révolution. Dans un article publié en décembre 2016 par *Libération*, le journaliste Luc Le Vaillant fait le portrait d'Alexis Corbière, ce jeune prof d'histoire très engagé. La phrase passe inaperçue, mais Alexis Corbières rend hommage à « la clairvoyance intellectuelle » de Trotski. Nostalgie, goût pour la révolution ou inspiration décisive ?

Les écologistes français, comme leurs grands anciens de la gauche de combat, se sont jusqu'à ce jour distingués par leur radicalité. Qu'ils soient plutôt de culture contestataire peut s'expliquer. Les Verts sont, à gauche, partisans de méthodes musclées. Avant de se convertir à la modération, Yannick Jadot était dirigeant de Greenpeace. Dans sa prime jeunesse politique, il n'hésitait pas à faire le coup de main et, par exemple, à violer le périmètre interdit des centrales nucléaires. Une de ces opérations lui a d'ailleurs valu une condamnation pénale inscrite à son casier judiciaire. Les responsables politiques des deux bords ont tous été jeunes et parfois emportés. Nul ne le leur reprochera. Quels sont les arguments des écologistes d'aujourd'hui et que faut-il en retenir ? Une partie de leur constat est tout à fait valide.

Une bonne cause

L'extractivisme, produit du Capitalocène, selon la formule de l'économiste Benjamin Coriat[1], contribue à chambouler les grands équilibres de la planète. L'extractivisme rassemble tous les prélèvements humains opérés dans nos ressources naturelles communes, en

1. Benjamin Coriat, *La pandémie, l'Anthropocène et le bien commun*, Les Liens qui libèrent, 2020.

particulier dans les ressources géologiques de la planète, mais c'est aussi la déforestation massive de l'Amazonie, qui fait courir un risque climatique majeur au reste de l'humanité. Ces activités d'extraction alimentent la machine économique (pétrole, gaz, minerais, terres rares) au service des entreprises internationales qui forment le Capitalocène. Des voix écologistes réclament la mise à part des biens publics et des biens communs pour éviter une catastrophe climatique de grande ampleur qui dépasserait les frontières. La logique de ces questionnements interroge le statut des grands éléments naturels, ce qu'on pourrait appeler l'infrastructure primaire de notre monde, c'est-à-dire les éléments qui ont permis le développement de la vie. Par exemple, le Brésil peut-il surexploiter la forêt amazonienne située sur son territoire et réduire ainsi l'immense puits à carbone qu'elle représente pour le reste de l'humanité ? Ces questions se posent ou se poseront à bref délai. Le statut des biens communs pourrait en effet être placé au-dessus des États et des lois nationales. C'est le mouvement de l'histoire, peut-être le socle éthique d'un monde différent.

Le réchauffement est une modification sensible de notre environnement qui change non seulement les logiques de production mais aussi les logiques de vie. Des centaines de millions de personnes sont exposées. Nul ne peut l'ignorer. Les écologistes allemands font le même constat, mais ils ne sont pas du même bois. En France, l'écologie politique sert de cache-sexe à EELV pour condamner le marché libre, l'entreprise, le capitalisme mondialisé. On pourrait à la rigueur suivre ces écologistes-là pour regretter la financiarisation de l'économie, mais chacun sait que, sans récompense, il n'y a pas d'investisseurs et que, sans investisseurs, il n'y a ni progrès ni croissance.

Les foudres des Verts se concentrent sur quelques cibles faciles : le nucléaire, Bayer Monsanto, l'industrie agroalimentaire, la 5G. Les écologistes français voient beaucoup de choses en petit. Ils aiment le petit commerce, les petites boîtes, les petits producteurs, comme si la taille avait quelque chose à voir avec la vertu. Les Verts français jouent sur cette fausse vérité écologique et sanitaire qui voudrait que la proximité soit une qualité indiscutable. Depuis longtemps, les économistes savent que la taille est au contraire une garantie d'efficacité et de traçabilité de la production. Les grandes entreprises financent de coûteux services qualité qui suivent la production, la contrôlent par échantillonnage et respectent scrupuleusement quelques-unes des quatre cent mille normes qui s'imposent au monde économique français ! Nous verrons plus tard que les écologistes allemands ont franchi au moins deux étapes décisives qui font des Grünen un parti d'avenir : la reconnaissance de la science et la capacité à passer des accords politiques pour devenir un parti de gouvernement. Quelle est la part de sincérité et d'authenticité dans la démarche des dirigeants politiques du parti EELV ? Il faut la chercher dans leur jeunesse militante qui les a orientés vers des causes environnementales contre le nucléaire, contre le *productivisme*. Distinguons tout de suite au moins deux familles d'écologistes. Celle de Cécile Duflot, issue de la Jeunesse ouvrière chrétienne, celle de Dominique Voynet et Michèle Rubirola, qui adolescentes ont participé aux manifestations d'extrême gauche des années 1970, sans oublier le parcours « mixte » d'un Jean-Luc Bennahmias, issu d'une famille protestante et frère d'un pasteur qui, après avoir participé aux Éclaireurs unionistes, s'est engagé au Parti socialiste unifié de Michel Rocard, où cohabitaient chrétiens de gauche, trotskistes et maoïstes.

La JOC, mouvement né en Belgique dans la première moitié du XXe siècle, proclame qu'un « jeune travailleur vaut tout l'or du monde parce qu'il est le fils de Dieu ». C'est une organisation militante, très engagée contre la précarisation du travail. Dans les années 1970, elle organise des manifestations contre les fermetures d'usines. Le mouvement chrétien militant va essaimer dans la société française et dans les partis de gauche. On dit à Bordeaux du nouveau maire écologiste qu'il est un « catho-basque ». Le grand géographe Jacques Lévy semble trouver une forme de symétrie entre l'écologie et le « catholicisme, religion rurale et confessionnelle [qui] était obsédée par les corps et a pour mieux les dominer inventé les plaisirs de la frustration », qu'on pourrait aussi traduire par le plaisir du rationnement. Quand Pierre Rabhi parle de sobriété heureuse, il pose la première pierre de la décroissance.

En Amérique latine, au Brésil, un homme semble assurer le lien entre christianisme et marxisme. Chico Mendes, assassiné par des propriétaires terriens à l'âge de quarante-quatre ans en décembre 1988, fut un écologiste rouge. Il militait avec les fils de l'Amazonie, les *seringueiros*, contre l'extractivisme qui frappe la forêt primaire. En octobre 2005, dans *Critique communiste*, revue théorique de la LCR, le chercheur Michael Löwy écrit que Mendes « s'est d'abord formé dans la culture chrétienne libérationniste des communautés ecclésiales de base brésiliennes », puis qu'il a découvert le marxisme plus tard, dans les années 1960. Mendes a posé la première pierre des réserves extractives où sont observées des règles de partage équitable des terres et de contrôle des cultures et des prélèvements sur la flore. Il faudra l'activisme des propriétaires terriens et l'effondrement des cours du caoutchouc pour mettre fin à l'expérience. Dommage, la forêt amazonienne est à proprement parler un bien commun, un des plus gros séquestres de CO_2 après les océans.

Les écologistes issus de la famille catholique plaident en faveur d'un lien puissant entre les individus et leur environnement, et la modération, voire l'abstention de prélèvement des premiers sur le second. « Ce qu'on peut appeler conscience écologique, c'est l'énonciation du fait que le monde, l'environnement artificiel produit par les humains peut lui aussi envelopper et affecter la terre[1]. » Le mouvement de pensée chrétien militant est aujourd'hui très représenté chez les cadres locaux et régionaux d'EELV et certaines figures du mouvement écologiste ont été influencées par la sociologie technophobique de Jacques Ellul ou Bernard Charbonneau. Nous verrons plus loin qu'en décryptant la logique écologiste on y retrouve un fort parfum religieux, un produit de la morale chrétienne. Pour autant, ni Ellul ni Charbonneau ne se seraient reconnus dans la démarche écologiste militante, eux qui avaient fait de l'humanisme le fond de leur pensée, eux qui condamnaient les totalitarismes politiques et religieux.

Certains écologistes, différents de ceux-ci, ont grandi dans la mouvance altermondialiste. Un mouvement minoritaire mais très actif se déploie à partir des années 1970 et fait son lit dans les années 1990, après l'effondrement de l'Union soviétique, pour dénoncer l'action des institutions de Bretton Woods, de la Banque mondiale et du

---

1. Jacques Lévy, *L'Humanité, un commencement (le tournant éthique de la société-Monde)*, Odile Jacob, 2021.

Fonds monétaire international dans les pays du Sud. Des groupes militants plaident pour l'effacement des dettes du tiers-monde. Puis, c'est le tournant du sommet de Seattle, en 1999, l'acte de naissance du courant altermondialiste, qui propose un contre-modèle au capitalisme et dénonce les excès du marché. Lutte d'influence contre le *productivisme*, mouvements anticroissances et antinucléaires ; l'écologie empruntera toutes ces voies militantes pour agréger des groupes d'individus qui se sont le plus souvent construits dans la contestation.

Le courant dominant du principal parti écologiste français, EELV, est à la différence de son homologue allemand grandement sous influence technophobe, anticapitaliste à tendance décroissante, à l'exception de personnalités comme Yannick Jadot qui le plus souvent font profil bas.

Jusqu'à la primaire écologiste en vue de la présidentielle de 2022 et la victoire sur le fil de Yannick Jadot, qui fait figure de modéré face à l'écoféministe Sandrine Rousseau, les écologistes s'étaient toujours distingués par des choix d'incarnation perdants. En 2001, une élection primaire interne est organisée chez les Verts pour désigner leur candidat à la présidentielle. Alain Lipietz l'emporte sur le fil face à Noël Mamère en ralliant les voix des candidats éliminés du premier tour. Très marqués par une culture de groupuscules minoritaires, les écologistes ont souvent préféré les radicaux. On peut y voir le triomphe de la sincérité idéologique ou, à l'inverse, l'expression d'un jusqu'au-boutisme inquiétant. Alain Lipietz était dans les années 1970 l'un des dirigeants de la GOP (Gauche ouvrière et paysanne), qui se réclamait de Mao et de Staline. La GOP fusionne en 1976 avec l'Organisation communiste Révolution afin de constituer l'OCT, Organisation communiste des travailleurs. Alain Lipietz était à l'époque, comme beaucoup, un dirigeant intolérant et prompt à dénoncer les « traîtres ». Il est issu d'une famille très engagée à gauche. Sa sœur, Hélène, membre d'EELV, suppléante de l'ancienne ministre Nicole Bricq au Sénat, se fait remarquer par une blague de mauvais goût sur son blog personnel relative à l'ancienne sénatrice socialiste qui avait rallié LREM (La République en marche) en 2017, décédée en tombant dans un escalier : « Morte aujourd'hui 6 août, d'une chute d'une marche, alors que, sénatrice d'En marche, elle avait décidé de ne plus se représenter à soixante-dix ans. La vie joue des tours, parfois ! »

Alain Lipietz se distingue par ses prises de position spectaculaires. Quelques mois après sa désignation pour représenter les écologistes à l'élection présidentielle, ses déclarations sur le sort des prisonniers nationalistes corses sèment le trouble. Il réclame leur amnistie, y compris pour les crimes de sang en incluant les assassins du préfet Érignac. Il est finalement récusé et Noël Mamère est désigné pour le remplacer. Noël Mamère, ancien catho de gauche, puis journaliste de France 2, s'est radicalisé à la quarantaine. Il s'est rapproché de Patrick Farbiaz, qui, de son engagement lycéen à l'Alliance marxiste révolutionnaire au lendemain de mai 68 jusqu'aux gilets jaunes en 2019 et à son soutien aux Palestiniens les plus radicaux, poursuit avec persévérance son combat contre tout ce qui, de près ou de loin, ressemble à la démocratie libérale. Le 11 janvier 2003, lors d'une suspension de séance au congrès des Verts, Patrick Farbiaz lance la formule suivante : « Vive le Hamas, le Hamas vaincra ! » En 2001, il avait cité l'émirat du Bahreïn comme un exemple de démocratie au Moyen-Orient.

En 2011, une nouvelle primaire doit départager les candidats écologistes (Europe Écologie Les Verts) en vue de la présidentielle de l'année suivante. Les militants choisissent d'éliminer Nicolas Hulot, l'une des personnalités les plus appréciées des Français, au profit de la pâlotte Éva Joly, soutenue par l'appareil, dont Cécile Duflot. Pas de compromission avec un candidat « marketing » ! Les Verts ne plaisantent pas avec la doctrine. La pureté idéologique avant tout ! La candidature d'Éva Joly se terminera par un naufrage électoral (2,31 % de suffrages au premier tour de la présidentielle, un peu plus de huit cent mille voix, soit un recul très net de l'influence écologiste par rapport aux élections intermédiaires précédentes). Ces Verts préfèrent avoir tort avec Sartre que raison avec Aron, pour reprendre la formule célèbre prêtée à Jean Daniel et rapportée par Claude Roy dans un article publié en 1968[1] !

Mais, au passage, ils ont gagné leur rôle de supplétifs du candidat Hollande, et ils vont travailler à empoisonner son mandat en nourrissant la colère contre sa politique probusiness de 2014. Dans le dossier emblématique du développement territorial de l'Ouest français, le transfert de l'aéroport de Nantes à Notre-Dame-des-Landes, ils arment la contestation des zadistes, ces militants violents qui résistent aux décisions de justice et aux choix populaires, des activistes parfois financés par les revenus sociaux qui n'hésitent pas à faire le coup de poing et à menacer les entreprises retenues pour le projet de nouvel aéroport. Un engin de chantier de la société Eurovia est incendié le 22 février 2014, lors d'une manifestation contre le transfert de l'aéroport nantais. Le journal des travaux publics, *Le Moniteur*, avertit le 2 décembre

1. Il s'agit en réalité d'une paraphrase de Voltaire : « En politique, mieux vaut avoir tort avec ses amis que raison avec ses adversaires » (*Dictionnaire philosophique*, 1764).

2014 : « Des entreprises sous-traitantes du concessionnaire Vinci ont reçu des menaces par mail ou cartes postales. » Elles sont prises au sérieux car elles listent les actes de sabotage déjà réalisés sur certains chantiers (incendie de matériel, dégradations de bureaux, vols de données, piratage de sites internet, tags, intimidation des salariés ou encore pneus crevés). La République devra capituler en rase campagne face à ces guérilleros qui ont piégé les hectares occupés du bocage nantais comme l'aurait fait Che Guevara dans la jungle bolivienne. Fin 2021, Yannick Jadot l'emporte finalement de deux mille voix dans une campagne interne dominée par la radicalité de ses trois adversaires, Éric Piolle, Delphine Batho et Sandrine Rousseau, radicalité qu'il doit en partie assumer pour donner le change à ses concurrents et convaincre les votants.

Les écologistes français se distinguent de leurs voisins allemands par leur intransigeance. Les écologistes allemands ont clairement fait le choix de la gouvernance, y compris au risque de compromis – les Verts français s'y refusent. Comme les mouvements minoritaires, ils se sont construits contre et non pour. C'est une logique naturelle. On commence toujours par contester l'ordre établi, et c'est plutôt sain, dès lors que la critique apporte aussi des solutions réalistes. Pourquoi alors les Verts allemands ont-ils choisi une autre voie ? Pourquoi sont-ils par exemple aptes à passer des accords de gouvernance avec les autres familles politiques ? Jean-Pierre Chevènement, avec qui j'ai pu échanger à ce sujet au mois d'octobre 2020, dit qu'il s'agit d'une affaire de maturité. Nos écologistes sont encore immatures. Il ajoute qu'en France « les Verts se sont fait récupérer par la gauche ». Pourtant, l'écologie n'a pas toujours été située à l'extrême gauche. Antoine

Waechter, qui défendait dans les années 1980 une écologie apolitique, était classé à droite par ses adversaires au sein des Verts de l'époque. Brice Lalonde, ministre dans les gouvernements Rocard, puis Cresson entre 1988 et 1992, était plutôt de centre gauche. Quant à Corinne Lepage, ministre de l'Environnement sous Jacques Chirac et Alain Juppé, elle incarnait alors une écologie compatible avec le centre droit. Ces personnalités ont participé à l'action de gouvernements conservateur et socialiste et fait avancer la cause de l'environnement.

Quoi qu'il en soit, les Verts français manifestent leur technophobie sur tous les terrains où ils interviennent. Les Verts allemands se sont à l'inverse prononcés en faveur d'une « modernisation » des règles du génie génétique. Ces techniques pourraient jouer un rôle décisif en matière de développement, écrivent-ils, et offriraient des perspectives pour une planète saine et donc pour le bien des citoyens et de l'environnement (*sic*). On croit rêver ! Oui, en effet, les écologistes allemands se prononcent pour la recherche sur les modifications génétiques. Les nôtres se sont tellement engagés contre les progrès de la technologie, contre la recherche, contre les OGM par exemple avec les Faucheurs volontaires, qu'ils se sont interdit toute forme de marche arrière sauf à mourir de ridicule.

Contre les OGM, contre le nucléaire, contre la 5G, parfois contre les vaccins, avec nos écologistes français, nous sommes menacés de devenir une sorte de tiers-monde technologique. À se demander si le parti écologiste français n'est pas l'idiot utile de nos concurrents. En critiquant ou en faisant interdire la recherche dans les domaines de pointe, EELV sert en réalité les intérêts directs des grands groupes industriels étrangers.

Prenons le cas des Faucheurs volontaires. Les premières actions spectaculaires du mouvement remontent à 1999. Les Faucheurs volontaires détruisent, dans la région de Montpellier, une serre de culture d'un riz transgénique destiné aux planteurs des pays pauvres. Ce riz devait permettre aux riziculteurs du tiers-monde d'éviter l'utilisation de pesticides. Il ne verra jamais le jour (en France) !

La première opération est un succès. Les médias tendent les micros aux animateurs de ce mouvement Robin des bois. La plupart des journalistes ignorent sans doute que notre alimentation est produite depuis bien longtemps par des semences sélectionnées et hybridées. Ils ignorent aussi que la sélection d'origine humaine est mieux contrôlée que la sélection naturelle. La nature sait produire du poison. Qu'importe, nous sommes déjà dans ce mythe d'une nature généreuse et bonne, comme si la main de Dieu veillait sur son grand Meccano. L'action des Faucheurs volontaires va s'étendre. Partout où la recherche mène des travaux exploratoires sur le génie végétal, ils auront, la faux à la main, l'occasion de faire régner leur justice.

La justice ? Parlons-en. Elle est muette et sourde. Peu d'entre eux sont condamnés, en dépit des délits commis au nom d'une cause qu'ils jugent supérieure à toutes les autres. Résultat : leur action et l'inaction de la justice, pourtant prompte à sortir le sifflet quand le droit de propriété est violé, provoquent l'exode des grands centres de recherche sur les OGM. Les groupes français exportent leurs travaux de recherche (et non de production) dans des pays tiers. Quelques-uns désinvestissent ce secteur pourtant prometteur d'innovation. Les Faucheurs volontaires ont fait la fortune de nos concurrents. Non seulement la recherche avance, mais elle le fait dans des entreprises étrangères sur lesquelles nous n'avons aucune influence. Nous subissons la double peine ! Le XXIe siècle devait être celui des ingénieurs et des chercheurs. Des progrès scientifiques considérables ont été accomplis. Le vaccin contre la Covid-19 est un succès incontestable de la « mondialisation libérale ». Il est le pur produit du marché et de la concurrence. L'antithèse de la décroissance. Pour réussir, les laboratoires et les États ont dû investir massivement en peu de mois : vive le capital et vive le capitalisme ! Mais pas en France !

Par nature et par culture, l'humain est coupable

De 1970 à 2020, la France et les grands pays européens ont connu une formidable séquence de libertés. Cinquante ans de liberté d'expression et de création, de libertés politiques et des mœurs. En 1968, les vieux corsets de la société française finissent par céder. « Il est interdit d'interdire ! » Une période de contestation de l'autorité voire des autorités est engagée. Elle produira plus tard et à force d'excès ses propres aberrations, dont la haine de l'autorité. Retenons le souffle de liberté qui emporte la France des années 1970. Les radios se débrident et diffusent la nouvelle vague, progressivement les débats télévisés se libèrent eux aussi. On n'hésite plus à se moquer, à brocarder les élus, dont le premier d'entre eux, le président de la République. Thierry Le Luron, Coluche, Desproges, une nouvelle génération de comiques irrévérencieux met en scène bonne humeur et esprit caustique. Nul n'échappe à la critique.

Le Luron se moque du président Giscard d'Estaing, il chante aussi « l'emmerdant c'est la rose ! » Le Luron et Coluche simulent en 1985 devant les caméras de télévision un mariage gay qui aurait sans doute suscité les foudres des organisations LGBT d'aujourd'hui. La société française des années 1970 et 1980, en dépit de la première puis de la deuxième crise du pétrole, en 1979, est insouciante et joyeuse. La promesse du progrès commun est puissante. Le voyagiste Jacques Maillot peut défendre la démocratisation du voyage y compris lointain, les prix du transport aérien baissent progressivement. Le monde s'ouvre, toutes les Bastille vont tomber au cours de cette séquence bénie de l'histoire, sur une période de moins de vingt ans ; le Mur de Berlin, l'Union soviétique, ses satellites partout dans le monde. Après soixante-dix ans de terreur, de camps de rééducation et de Goulag, soixante-dix ans d'imposture économique, le communisme a fait faillite.

L'écologie est, dans cette France des années 1970, une préoccupation très marginale. Elle demeure encore sous les écrans radars de l'opinion. L'Institut national de l'audiovisuel recense les premiers reportages des journaux télévisés sur le changement climatique au milieu des années 1970. En 1974, l'écologie a son premier candidat à une élection présidentielle : René Dumont, ingénieur spécialiste d'agronomie tropicale, passé par le Vietnam. Il ne recueillera que 1,32 % des voix, mais l'opinion a enregistré le message de cet homme de soixante-dix ans, sobre lanceur d'alerte en pull rouge à col roulé, apparaissant à la télévision en levant un verre d'eau, symbole des éléments naturels et d'une vie sobre. Son directeur de campagne, Brice Lalonde, sera secrétaire d'État, puis ministre de l'Environnement quelques années plus tard, sous la présidence de François Mitterrand.

Dumont n'est pas un furieux anticapitaliste, il est favorable à la propriété privée, pourvu que les revenus du travail et du capital soient équitablement partagés. Mais déjà, dans son discours, on entrevoit la dénonciation d'une société de croissance insouciante, les dangers de l'extractivisme. Si le mot n'a pas encore été prononcé, le pillage des ressources de la planète est montré du doigt. L'action de l'homme joue un rôle de plus en plus significatif sur l'évolution du milieu naturel. Dumont avertit, mais cette période est pleine de promesses et de créativité. Le cinéma, la musique, les modes se succèdent. Au début des années 1980, les radios libres naissent un peu partout en France. Elles bousculent les monopoles, les petites baronnies locales. La société s'est amusée aux comédies d'Yves Robert : on drague, on boit, on fume et on ne s'interdit plus rien. On voyage de plus en plus souvent et de plus en plus loin et on consomme massivement, dans certains cas avidement ! Sommes-nous allés trop loin ?

Qu'ils le veuillent ou non, les écologistes font le procès de cette période de notre histoire. Les « boomers », estiment-ils, ont épuisé les ressources autant que les comptes sociaux. Ils ont brûlé la bougie par les deux bouts. Pendant toutes ces années, la croissance a été prédatrice de l'environnement. Il serait stupide de ne pas le concéder. En France, en particulier, nous avons vécu un âge d'or qui selon la formule du géographe Jacques Lévy, achève le temps du néolithique, cette très longue période marquée par l'évolution des techniques et des modèles sociaux. La génération à laquelle j'appartiens, née au début des années 1960, a vécu, en France, la plus belle période de notre longue histoire. Nos parents, qui ont connu la Seconde Guerre mondiale au cours de leur enfance, ont profité de la croissance des décennies d'après-guerre. Ils se sont constitué un patrimoine immobilier grâce à l'inflation qui dévorait les emprunts, ils ont consommé sans retenue les ressources de notre Terre, ils ont enfin bénéficié du système de retraite le plus généreux du monde. Les agences de voyages vous le confirmeront : les séniors ont fait leur fortune. Puis, l'étau s'est progressivement resserré. Les signaux faibles de l'excès de liberté sont apparus. Pêle-mêle : MST (maladies sexuellement transmissibles), limitations de vitesse, interdiction de fumer dans les lieux publics, contrôles d'alcoolémie sur les routes, etc. Le débat sur la liberté des anciens et des modernes ressurgit ici avec une étonnante actualité. La liberté des modernes (Benjamin Constant) consiste à respecter la sphère privée. Les individus font ce que bon leur semble. Pour les anciens, en revanche, sphères privée et publique sont liées. On gère collectivement les libertés souveraines du groupe et, dès lors, certaines limites sont posées, de même que certains comportements sont proscrits. L'idée de la contrainte est encore dormante, mais lorsque René Dumont, pendant la campagne présidentielle de 1974, appelle les citoyens du monde à veiller sur le capital naturel de l'humanité, il nous dit que nous ne pourrons plus nous comporter n'importe comment et, en un sens, il n'a pas tort. Les humains vont devoir se discipliner ou, à défaut, s'organiser. L'idée simple (parfois simpliste) qu'une croissance infinie est possible dans un monde fini est combattue et contestée.

Les années 2000 sont celles de la mondialisation. Les nouveaux *tycoons* contestent la suprématie historique des pays occidentaux. Le consommateur est encore le roi du marché mais on oublie qu'il est aussi salarié.

La puissance économique se déplace vers l'Asie. En délocalisant nos centres de production vers les pays en croissance, nous avons massivement importé tout à la fois du chômage et du CO_2, dans la mesure où ces nouvelles régions de production industrielle ne respectent ni les salariés ni l'environnement. Les productions de mauvaise qualité qui rentrent sur nos marchés importent avec elles leurs conditions de production et de transport : le travail des enfants, des salariés sans droits sociaux, le sacrifice de l'environnement, les subventions publiques déguisées qui faussent la concurrence. Nous avons en effet capitulé face à la Chine. Le développement massif des échanges internationaux par air et par mer, l'allongement des chaînes de production dans les pays à bas coûts sont parmi d'autres à l'origine des émissions de gaz à effet de serre. Cette activité humaine et le mode de vie qui va avec contribuent à dégrader notre environnement.

Le mouvement de délocalisation a commencé dans les années 1980. Les industriels américains observent les nouvelles méthodes de management dans les usines japonaises. Ils cherchent à les imiter, car elles sont très efficaces, mais ils échouent à les appliquer chez eux. L'Amérique va donc se tourner vers le modèle original et déplacer ses productions en Asie, comme le feront les Européens quelques années plus tard. Les capacités de production se délocalisent ainsi dans tous les grands secteurs. Pour fabriquer un objet moins cher, on y ajoute le poids carbone des allers-retours incessants entre l'Est et l'Ouest. Les écologistes des années 1980 ne voient pas venir le piège des délocalisations. Ils sont obsédés par le nucléaire, en oubliant au passage qu'il s'agit précisément d'un atout français pour maintenir intacte notre souveraineté énergétique au moment où nous perdons notre souveraineté industrielle. C'est le prélude aux grands débats sur les territoires et sur la proximité. Pour soigner le consommateur avide de petits prix, faut-il martyriser le salarié et accabler le contribuable ? L'inquiétude grandit. On se préoccupe à bon droit du climat qui se dégrade, de l'air que nous respirons, des océans pillés et souillés, on s'inquiète de l'extractivisme, cet ensemble d'activités qui consiste à ponctionner les richesses géologiques de la Terre. Tout ceci est en effet très inquiétant. Nous avons modifié notre environnement.

La thèse de l'anthropocène est finement explorée par des groupes de scientifiques. Elle fait de l'homme une force géologique. Après l'holocène, l'anthropocène désigne la période de l'histoire de la Terre durant laquelle l'activité humaine est devenue le déterminant principal de l'évolution du milieu naturel. Nous avons joui de nos libertés sans entraves pendant une petite cinquantaine d'années, en imaginant que la liberté était la règle. Elle ne l'a pas toujours été au cours de l'histoire, et un coup d'œil dans le rétroviseur nous rappelle qu'elle n'est pas une valeur universelle et éternelle. Peu de pays sont libres comme nous le sommes et peu l'ont été aussi longtemps. Nous voilà donc dans le premier quart de ce XXIe siècle et la contrainte revient, contestant le scénario que nous pensions écrit pour l'éternité. C'est en France, dans ce petit pays de 67 millions d'habitants, plus vertueux que la vertu elle-même, que se déploie la propagande écologiste la plus radicale. C'est ici que, soir et matin, sur les plateaux des chaînes de télévision, des voix écologistes font la morale ; une fois au gouvernement pour sa gestion de la crise sanitaire ou pour sa politique énergétique, une autre fois aux industriels qui n'iraient pas assez vite et qui sacrifieraient ainsi la santé des Français, une dernière fois enfin aux Français eux-mêmes, propriétaires de véhicules diesel, voyageurs aériens, adeptes de la surconsommation ! Je n'ai jamais vu ces mêmes militants verts protester devant l'ambassade du Brésil qui détruit l'Amazonie en remplaçant la forêt primaire par des cultures de colza ni devant celle des États-Unis pour dénoncer la construction d'un gazoduc géant entre les puits de gaz de schiste du nord et la frontière sud du pays, pas davantage devant l'ambassade de Russie, où les atteintes à l'environnement sont une triste habitude historique !

Le retour de la contrainte prend des formes différentes qui vont toutefois converger. Les mouvements hostiles au progrès, au capitalisme, aux échanges, à la technique et aux technologies ; les défenseurs des minorités, raciales, sexuelles, religieuses, philosophiques ; tous ceux et toutes celles qui veulent exister dans des communautés aux intersections de la société, tous ces groupes demandent des comptes et essentialisent leurs identités propres. Ils ne se sentent pas citoyens de la République, mais gays, trans, noirs, « *muslims* », décroissants, animalistes, végans, féministes... Ils entendent être considérés comme ce qu'ils pensent être : les membres d'une communauté. La leur, à l'exclusion de toutes les autres. C'est un nouveau fascisme, comme dirait Raphaël Enthoven, interrogé par la chaîne de télévision LCI au mois de mars 2021. Quand on associe une couleur de peau à une identité irrévocable, quand on réduit l'identité d'un individu à son appartenance clanique, on cède en effet au fascisme de la pensée. Dès lors, on ne s'étonne pas de trouver une certaine connivence entre les « identitaires », entre toutes celles et tous ceux qui sont en lutte contre le système, contre les institutions, contre les lois de la République. L'insoumission du zadiste et celle du militant islamiste sont en tout point comparables. Insoumission au droit, instrument bourgeois de domination selon la formule de Michel Foucault dans *Surveiller et punir*, pour les premiers, insoumission aux règles de la laïcité, pour les seconds.

La sympathie que porte une partie du bloc écologiste au combat des islamistes ne devrait étonner personne : les deux idéaux sont portés par la même pureté idéologique, ils visent à combattre un même ennemi. Les travaux de la journaliste et auteure Caroline Fourest permettent de mieux comprendre les stratégies d'infiltration des mouvements islamistes dans les organisations et les mouvements associatifs. Les Verts, historiquement portés par le combat propalestinien, ont accueilli à bras ouverts le discours de libération des militants islamistes déguisés en révolutionnaires déconstructeurs. Les deux familles, écologistes (dans son courant majoritaire) et islamistes, ont souvent les mêmes biais de comportement : un fonctionnement intransigeant, radical, autoritaire, et un goût immodéré pour la pureté idéologique. Pour les ultras de chaque cause, le but est au-dessus de tout, il justifie les moyens employés. Le mouvement est épuré de tous ceux qui sortent du couloir idéologique officiel. Même les écarts de vocabulaire sont sanctionnés ; tous les mouvements en *isme* – islamisme, ultraféminisme, antispécisme, etc. – fonctionnent avec un socle idéologique et une sorte de clergé informel. L'objet, avait expliqué Caroline Fourest un soir dans l'émission « 24H Pujadas », sur LCI, c'est de faire émerger l'élite de l'élite. Dans ces mouvements, avait-elle dit, les ultras « se cooptent par épuration ».

Tous ces mouvements organisés ont choisi d'hystériser les idées qu'ils défendent. Leurs idées, leurs combats sont au-dessus de tout, y compris de la loi. Ils se sentent légitimes à la transgresser. C'est cette hystérisation qui contribue au renforcement des peurs collectives et des tensions dans la société ; entre ceux qui s'approprient ce substrat idéologique et les autres, entre hommes et femmes, entre urbains et ruraux, entre privé et public, entre Noirs et Blancs... Après cinquante années de liberté, la conclusion de ces militants est accablante pour notre misérable humanité : l'homme est mauvais, il est égoïste, immature, déraisonnable.

La question qui suit est évidemment celle de la démocratie. Ces modèles d'organisation ne sont pas compatibles avec la démocratie représentative. La démocratie est même un obstacle à la réalisation des projets politiques des Verts tels qu'ils se présentent aujourd'hui. Le mode de scrutin sera et pour longtemps défavorable aux thèses radicales. Comment, dès lors, marquer la société ? Comment aboutir quand on est minoritaire ?

Plusieurs solutions sont disponibles. La première est de construire de la politique en jouant les uns contre les autres. Au mois d'avril 2021, Europe Écologie Les Verts lance une campagne de communication désignant des cibles. Les visuels montrent un couple de « boomers » (des séniors) sans doute coupables d'avoir consommé les ressources de la Terre pendant leur (trop) longue vie (selon EELV), des chasseurs, des fachos (*sic*), le visage du ministre de l'Intérieur de l'époque, Gérald Darmanin, et celui du philosophe Alain Finkielkraut (blanc, âgé, juif, ouvertement sioniste, conservateur), avec un texte simple. Tous ces gens, « eux, ont prévu d'aller voter », sous-entendu : et vous[1] ? Comme s'il

1. « Les boomers, eux ont prévu d'aller voter », « Les chasseurs, eux, ont prévu d'aller voter », campagne Europe Écologie

s'agissait de désigner des coupables ou des ennemis. Cette technique, explique le sociologue Jean Viard, appartenait plutôt à l'extrême droite. « Dans ce pays dit-il, on vous disait, il y a trop d'immigrés, d'étrangers, parfois même trop de musulmans et là, on a maintenant les débats à l'Unef, Alice Coffin qui vous explique qu'elle ne lira plus les auteurs hommes, les écologistes qui désignent les boomers ou les chasseurs comme un clan à combattre. Les causes sont intéressantes, le féminisme, l'écologie par exemple, mais la technique consiste à construire des causes, les uns contre les autres[1]. »

Instiller le doute, désigner des cibles... le procès des ennemis de la cause est sans appel possible. Cette technique vise à produire de la jalousie, voire de la haine. Elle est couramment utilisée en politique mais, jusqu'à ce jour, la gauche de gouvernement, la gauche démocratique se l'était interdite. Comparaison n'est pas raison, mais c'est bien la technique des procès staliniens qui réapparaît sous une forme plus urbaine et plus subtile. Parfois, le piège se referme sur les auteurs de ces mises en cause. Dans un message sur Twitter, le 24 avril 2021, Sergio Coronado, cinquante et un ans, ancien Vert passé chez les Insoumis de Jean-Luc Mélenchon, écrit : « *OK boomer* peut être résumé par : "Votre génération a connu le plein emploi, elle a consommé sans limites, n'a pas pris soin de la planète

---

Les Verts pour les élections régionales des 20 et 27 juin 2021. Les chasseurs sont représentés de dos, fusils en bandoulière, marchant sur une route de campagne, les boomers par des couples de séniors insouciants déambulant sur une plage de sable fin.

1. Jean Viard, dans l'émission « Perri Scope », sur LCI, le 26 avril 2021.

et vous voulez encore nous expliquer ce que nous devons faire." Vous avez échoué. Laissez-nous gérer maintenant #EELV. » Un internaute mieux informé que les autres reprend ce message et y ajoute des photographies de M. Coronado en Bolivie, aux chutes de Yosemite, un cliché de la Cordillère des Andes où se trouvait l'intéressé, et jusqu'à une photographie prise d'un avion au-dessus de l'Équateur ! Faites ce que je dis, ne faites pas ce que je fais !

L'autre technique de détournement de la démocratie vise à déconstruire le modèle de l'État-nation qui est le nôtre depuis la bataille de Bouvines. L'économiste Gaël Giraud, dans *Études*, revue de la culture contemporaine de 2021, avance une autre piste[1]. « À mon avis, il y a deux grandes options d'économie politique devant nous. Une option que beaucoup de militants écologistes ont en tête est celle d'une société décentralisée, avec de petites coopératives qui produisent de l'électricité. Cela va de pair avec une démocratie participative et égalitaire. L'autre option est au contraire, celle d'une société très centralisée, hautement capitalistique, avec une alliance entre le secteur public et le secteur privé très puissante et un État éventuellement autoritaire. » À travers l'exemple de la production d'électricité, Gaël Giraud met le doigt sur ce qui est un des grands projets politiques des Verts, la décentralisation, jusqu'au localisme intégral. Quand on ne peut maîtriser la démocratie à l'échelon d'un État, on change d'échelle. Les maires écologistes élus des grandes villes avaient annoncé, bien avant leur élection, leur intention de constituer une sorte de Ligue des villes vertes, à l'image des villes libres du XIIIe siècle comme Lübeck (1226),

1. Entretien croisé Gaël Giraud et Thomas Piketty.

Hambourg, Brême. Pour ces élus, l'enjeu symbolique était déjà d'ériger l'échelon local en espace politique légitime, comme s'il s'agissait de revendiquer une forme de souveraineté du local par rapport au national. Dans cet ensemble archipélisé, la peur a toute sa place, mais c'est le principe d'une République une et indivisible qui disparaît.

La réalité et les causes du changement climatique

Les peurs collectives sont-elles justifiées ? Pourquoi le changement climatique est-il perçu aussi différemment par les membres de la communauté scientifique et parfois même au cœur d'une même discipline ? Un consensus international sur les mesures à prendre pour ralentir le réchauffement a toutefois été obtenu. Les États-Unis ont réintégré en 2021 l'Accord de Paris, assorti d'engagements précis et d'un objectif de limitation du réchauffement. Les Américains ne renonceront cependant pas à la civilisation de la voiture, dans un pays mal desservi par le train. La géographie américaine, le modèle d'urbanisme des *malls*, les grands centres commerciaux, en dehors des grandes villes, un habitat diffus et des commerces locaux souvent épars rendent la voiture indispensable aux familles. Joe Biden, le président élu en 2020, a fait voter un programme de rénovation des grandes infrastructures qui inclut la réfection du réseau des *interstates*, ces immenses autoroutes qui traversent le pays dans les deux sens. 250 millions de voitures circulent chaque jour aux États-Unis, sur un réseau tentaculaire de 70 000 kilomètres d'autoroutes et de plus de 6 millions de kilomètres d'autres routes. L'administration Biden soutiendra aussi les mobilités plus douces et le déploiement d'énergies plus propres, mais l'Amérique reste, avec la Chine, le premier grand pollueur du monde.

Les émissions de GES (gaz à effet de serre) ont connu un pic au cours des toutes dernières années, essentiellement en raison de l'augmentation de la consommation des pays émergents. La consommation de biens et services en Chine et en Inde est passée de 4 à 16 % de la consommation mondiale en vingt ans (entre 2000 et 2020), tandis que la part relative de l'Europe et des États-Unis baissait[1]. Le bilan carbone des émergents n'est donc pas satisfaisant. Il a d'abord été détérioré par la délocalisation des productions industrielles de nos territoires vers ces régions au début des années 2000, puis il a été régulièrement abondé par l'augmentation de la consommation sur les marchés intérieurs des pays dits « émergents » ! De surcroît, l'efficacité énergétique de ces économies est médiocre. Elles consomment beaucoup d'énergie pour des rendements moyens – essentiellement du charbon et du pétrole.

Ce constat nous appelle à une réflexion sur les perspectives de décroissance qui sont proposées par certains écologistes français : quelles seraient les conséquences d'une expérience isolée de décroissance économique dans un pays comme le nôtre, au beau milieu d'un monde qui continue de croître, sachant que nous n'avons aucun moyen légal d'imposer une cure de décroissance aux peuples étrangers ? Nous subirions un double choc, économique et social. Cette voie est une impasse. Compte tenu de la géographie du monde, de son organisation politique, nous n'avons d'autre

1. Guillaume Bazot, *Les Coûts de la transition écologique*, Fondapol, mai 2021.

choix que de poursuivre la marche du progrès, qui seule garantira la sauvegarde des acquis sociaux de nos pays et une croissance respectueuse de son environnement. Nous devons faire confiance au génie humain. Nous n'avons collectivement aucune autre solution satisfaisante.

La préoccupation de l'environnement est partagée en France par toutes les générations, mais les jeunes sont sans doute les plus inquiets. On les comprend, ils vont hériter d'une planète dont leurs aînés étaient jusqu'alors les dépositaires. Les activités humaines de production modifient leur environnement et le climat. Il n'y a pas d'activités sans énergie et c'est bien cet indicateur qu'il faut observer. Le mix énergétique mondial est actuellement dominé par les hydrocarbures à 85 % (sauf en France). Autant dire qu'on ne changera pas de modèle sur les bases actuelles.

Par acquit de conscience, examinons l'hypothèse de la décroissance en nous appuyant sur l'année Covid (printemps 2020, période correspondant à une mise à l'arrêt des économies du monde et des capacités de production industrielle en Asie). Comme l'ont montré sans équivoque les experts de l'institut Sapiens, le confinement du printemps 2020 a constitué une épreuve grandeur nature. Les échanges, les flux de personnes, la production industrielle, en particulier en Chine, ont très largement décru. Résultat ? Une symétrie parfaite entre l'effondrement de la croissance, environ 10 % à l'échelon mondial, et la baisse des émissions de gaz à effet de serre. Le résultat est spectaculaire mais notoirement insuffisant. « 10 % de réduction des émissions sur un an, c'est seulement une demi-PPM[1] de rejets

1. PPM : partie par million.

en moins : une réduction “epsilonesque” des émissions cumulées face à une restriction énorme de libertés et un accroissement démesuré de la pauvreté. Un calcul simple montre que pour satisfaire les objectifs de Paris via la seule décroissance économique (450 ppm en 2050), il faudrait pratiquement imposer à la planète un confinement permanent… durant les trente prochaines années[1]. » Dans l'hypothèse où la population du monde se stabiliserait à la fin du siècle autour de 10 milliards d'individus, les objectifs climatiques de limitation de la hausse des températures à 2 °C en 2030 contraindraient en l'état actuel des technologies à rationner les émissions de CO_2 par tête à une tonne équivalent CO_2 par an, soit, comme le documente Guillaume Bazot pour la Fondapol, à un aller-retour Paris-New York en avion ou 5 000 kilomètres par la route au volant d'une berline moyenne.

La décroissance n'est pas la solution. Il faut au contraire considérer une autre croissance, et celle-ci est déjà en marche. Soyons clairs : tout le monde n'est pas d'accord avec cette vision du changement. Si la question de la décroissance se pose, c'est qu'une partie importante du courant de pensée écologiste (français) considère que la notion de croissance vertueuse n'est qu'une invention, une justification des libéraux et de l'industrie pour garantir le maintien ou le réaménagement du modèle en leur faveur. Par nature, toute forme de croissance serait mauvaise. Les « Amis de la terre », association anticapitaliste et écologiste, présente ainsi sa vision du monde : « Les dérèglements climatiques, les atteintes à la biodiversité, les pollutions de tous ordres, la dégradation de l'eau et des sols, l'épuisement

1. Guillaume Bazot, *op. cit.*

des ressources naturelles sont les principales formes de la crise écologique. Le modèle économique actuel, capitaliste et productiviste, fondé sur la compétition et la croissance, bénéficie à une minorité de la population mondiale, dont le mode de vie, reposant sur l'hyperconsommation, ne persiste qu'à la condition du maintien de la majorité dans la pauvreté et la précarité. Les projets de développement dit durable, d'économie verte ou dématérialisée n'échappent pas à cette règle. Les progrès de l'efficacité énergétique sont immédiatement annihilés par l'augmentation de la production et de la consommation. La généralisation à tous les humains du mode de vie dominant, même "vert", épuisera en quelques décennies les sols, l'eau, les forêts, les principaux minerais et les ressources énergétiques, non seulement sans résoudre le dérèglement climatique, mais en multipliant les risques de conflits majeurs. »

Il y a ceux qui ont l'écologie triste et les autres qui cherchent des solutions. La bonne nouvelle, c'est que nous avons toutes les ressources pour produire et nous déplacer différemment, pour consommer mieux et maintenir l'équilibre social de nos pays. Rien ne serait pire en effet que d'ajouter une crise sociale de grande ampleur aux désagréments climatiques auxquels il faudra s'habituer pour les années qui viennent.

Le retour de Malthus, ou le rationnement des naissances

En son temps, Yves Cochet avait dégainé cette formule symbolique et meurtrière : « Plus de capotes, c'est moins de CO_2. » Un certain courant de l'écologie politique considère la natalité comme une menace.

La croissance de la population est en effet le premier facteur connu de croissance économique. Plus le marché s'élargit, plus il est générateur de croissance. On suppose en effet que chaque individu qui naît apporte tout à la fois sa capacité de production et de consommation. Dans un monde capitaliste, c'est autant d'unités d'émission additionnelles, autrement dit, pour ces écologistes dénatalistes, une avarie qu'il faut réduire, voire interrompre. On retrouve dans ce raisonnement une forme de symétrie avec les vieux réflexes malthusiens. Dans la théorie du banquet de Malthus, les nouveaux entrants n'ont pas accès à la table commune s'ils n'ont rien à y apporter ou si la collectivité n'accepte pas de leur fournir une fraction du bien commun[1]. La pensée écologiste, c'est au fond

1. « Celui qui naît dans un monde déjà occupé, s'il ne peut obtenir de quoi subsister de ses parents à qui il est en droit d'en demander, et si la société n'a pas besoin de son travail, n'a pas le moindre droit de prétendre à la plus petite portion de nourriture ; et dans le fait il est de trop dans ce monde. Au grand banquet de la nature, il n'y a point de couvert pour lui. La nature lui signifie de s'en aller, et elle ne tardera pas à exécuter son propre commandement, s'il ne parvient pas à intéresser en sa faveur la pitié des convives. S'ils se lèvent et lui font place, bientôt d'autres intrus se présenteront pour demander la même faveur. Dès que la nouvelle se répandra qu'on accorde des secours à tout venant, la salle sera bientôt remplie d'une multitude qui en sollicitera. L'ordre et l'harmonie de la fête seront troublés ; l'abondance qui régnait auparavant se changera en disette ; et le bonheur des convives sera détruit par le spectacle de la misère et de l'humiliation qui s'offre de toutes parts dans la salle et par les clameurs importunes de ceux qui enragent avec raison de ne point trouver les secours qu'on leur avait fait espérer. Les convives reconnaissent trop tard leur erreur de s'être opposés à l'exécution des ordres stricts que la

la revanche du pasteur anglican Thomas Malthus ; il faut rationner les convives pour ne pas avoir à élargir la table car la ressource est rare. L'espace est limité, limitons le nombre de naissances.

Au XXe siècle, la pensée malthusienne fait de nouveaux émules, qui la complètent. C'est le cas du biologiste Paul Ralph Ehrlich, professeur à l'université de Stanford, qui ajoute une variable : celle du revenu par tête. Il renverse la table et montre que l'impact environnemental est le produit de la population par le revenu *per capita* et par les technologies utilisées. Sa conclusion est que la surpopulation est un facteur de dégradation de l'environnement. On retrouve chez Ehrlich une symétrie de pensée remarquable avec les thèses d'Ellul et Charbonneau que nous explorerons plus loin, l'humanisme en moins. Pour lui, donner au monde moderne une énergie bon marché serait criminel et « reviendrait à donner une mitraillette à un enfant idiot ». On mesure la portée de la formule. L'humanité n'est pas adulte. Il faut la surveiller et la rationner. La raison humaine a disparu du discours. Ehrlich ne se fait aucune illusion sur le libre arbitre des individus, qu'il compare à des enfants idiots. Pire encore, le célèbre commandant Cousteau, sympathique océanographe, se rappelait le temps où « les épidémies, la nature compensaient les abus de la natalité par les abus de mortalité… C'est terrible à dire, il faut que la population mondiale

grande maîtresse de la fête avait donnés contre l'admission de tout intrus ; car, voulant que l'abondance régnât parmi tous ses convives, et connaissant l'impossibilité de traiter un nombre illimité d'individus, elle avait, par humanité, refusé d'admettre de nouveaux venus à sa table déjà pleine » (Malthus, *Essai sur le principe de population*, 1798).

se stabilise, et pour cela il faudrait éliminer trois cent cinquante mille hommes par jour[1]. » Paix à son âme.

Ces raisonnements auraient un sens si la production d'externalités négatives était constante ou croissante. Ils ne le sont plus dès lors qu'il est démontré que la quantité de vies humaines dans notre espace fini est décorrélée de la quantité de nuisances environnementales. Au surplus, on ne manquera pas de faire observer que les pays du Nord sont les moins productifs sur le terrain de la natalité. Les démographes s'interrogent même sur le péril « vieux », sur le vieillissement de la population blanche des pays du Nord. La dynamique démographique vient du Sud, et notamment de l'Afrique, dont la population devrait dépasser le milliard et demi à brève échéance, pour terminer le XXIe siècle à 3 milliards d'individus. Les ONG et leurs amis écologistes nous interpellent ici pour rappeler que les riches sont les plus émetteurs de CO_2 et que ce sont eux, les habitants des pays du Nord, Chine comprise, qui sont les principaux pollueurs. Ceci est incontestable, mais le vrai questionnement pour l'avenir est ailleurs : laquelle de ces deux populations dispose des savoirs, des technologies et des richesses économiques de nature à apporter des solutions et à réduire les effets du changement climatique ?

Pour dire les choses factuellement, un ingénieur européen émet une quantité de CO_2 très supérieure à celle d'un paysan malien, ceci est à son débit ; mais c'est aussi sur ses compétences et non sur celles du paysan malien que repose jusqu'à ce jour la capacité collective de l'humanité à identifier et à mettre en œuvre des solutions technologiques pour une croissance inclusive

1. Entretien au *Courrier de l'Unesco*, 1991.

et décarbonée ! La recherche et le développement des techniques, très souvent critiqués par les écologistes, permettront de réduire puis de supprimer les externalités négatives de la croissance telle que nous l'avons connue.

Jacques Lévy appelle lui aussi à dépasser le « mélange de production et de prédation qui a caractérisé les dix mille dernières années depuis la révolution néolithique », laquelle, écrit-il, ne peut se prolonger indéfiniment. Le géographe alerte sur le calendrier. « Il ne faut pas trop tarder à intervenir pour modifier les courbes et entamer une trajectoire de sortie de ce mixte producteur-destructeur qui définit le néolithique. » L'enjeu de la cinétique est en effet décisif. Il ne faudrait pas attendre que le malade ait perdu connaissance pour entreprendre les soins. La France a pris l'initiative des Accords de Paris. Elle suit une trajectoire ambitieuse pour arriver à la neutralité carbone à partir de 2050. Le monde doit réduire ses émissions de gaz à effet de serre de 40 à 70 % pour limiter la croissance moyenne des températures à 2 °C entre 2050 et 2100. Nous n'y sommes pas. Le retour de l'Amérique dans le jeu climatique est encourageant, mais Biden n'a pas pris position contre l'exploitation des gaz de schiste, dans un pays où chaque propriétaire foncier est libre d'exploiter son propre sous-sol. Le président américain a fait bloquer le projet de gazoduc Keystone qui devait traverser le pays du nord au sud, entre le Canada et le golfe du Mexique. L'Amérique de Biden sera sans doute plus soucieuse de l'environnement et du social. D'ores et déjà, des États américains ont choisi une transition douce vers les énergies moins polluantes, et la vague sans précédent des incendies au cours des étés derniers sensibilise l'opinion américaine. Les États-Unis et la Chine représentent à eux seuls près de la moitié des émissions de CO_2 : 30 % pour la Chine et 15 % pour les États-Unis. La France, petit pays vertueux, produit seulement 1 % des GES !

3

Le génie humain, ressource inépuisable

C'est entendu, les activités humaines du cycle production-consommation pèsent lourdement sur notre environnement. Ce processus de croissance vieux d'un siècle et demi à deux siècles est parti d'Europe, en particulier de Grande-Bretagne et d'Allemagne, où la grande industrie est progressivement déployée de la fin du XVIIIe siècle au milieu du XIXe siècle. La France prend du retard. Dans la première partie du XIXe siècle, son industrie est encore très fragmentée. Elle engage la course à la taille sous le règne de Napoléon III. Les usines sont installées dans les villes, parfois en plein Paris, dans le quartier des Batignolles par exemple, ou sur les bords de Seine pour les industries consommatrices d'eau. Le progrès technique a déjà traversé l'Atlantique, l'Amérique est passée à l'ère industrielle et elle va dominer une grande partie du XXe siècle, avant que le Japon, la Corée puis la Chine, à très grande échelle, ne prennent le large, pour devenir l'atelier du monde à l'approche des années 2000. Pendant cette longue séquence du néolithique, les progrès techniques se sont accélérés et les hommes ont puisé, voire épuisé les ressources notamment géologiques de la Terre :

lignite, houille, charbon, gaz, pétrole, huiles de schiste, minerais et terres rares, jusqu'à aboutir à ce constat incontestable de l'Ademe (Agence de l'environnement et de la maîtrise de l'énergie) : il faut 400 kg de matières premières pour fabriquer un ordinateur de deux kilos !

Le constat est là et ceux qui le nieraient s'engageraient dans une impasse. On peut mentir aux autres, on ne se ment pas à soi-même. La vie moderne, qu'on peut résumer dans la formule production-consommation-mobilité-urbanisation, génère encore à ce stade des externalités négatives environnementales, mais certaines d'entre elles sont d'ores et déjà décroissantes. Un seul exemple, à travers ces deux indicateurs cités par Iata (Association internationale du transport aérien) ; au cours des vingt dernières années, le nombre de passagers transportés en avion a augmenté de 75 % dans le monde, mais les émissions de gaz à effet de serre du transport aérien n'ont décollé que de 15 %. Si ces 15 % ne sont pas satisfaisants, on voit bien que les courbes ont commencé à s'éloigner l'une de l'autre. La croissance des externalités négatives est très inférieure, décorrélée de la croissance des volumes de production. Les ingénieurs du secteur des motoristes sont parvenus à proposer des solutions technologiques pour réduire l'empreinte carbone du transport aérien, au même titre que leurs collègues de l'aéronautique en concevant des alliages plus légers pour ce qu'on appelle les cellules (c'est-à-dire le corps de l'avion, ou si vous préférez la forme du cigare). À lui seul, le transport aérien concentre toutes les critiques des écologistes les plus orthodoxes. Il symbolise à la fois la mobilité des individus et des marchandises, la libre circulation et le marché libéral, même si le secteur reste l'un des plus administrés au monde.

Au-delà des clichés habituellement véhiculés pour le montrer du doigt, le transport aérien a été un formidable outil d'aménagement du territoire. Le développement d'un trafic dit VFR (Visit Friends and Relatives) a permis de redonner vie à des territoires français isolés, passés à côté des politiques d'aménagement de l'espace comme le Limousin, le Poitou, une partie du Sud-Ouest. Les compagnies à bas prix ont transporté des millions de touristes d'Europe du Nord dans nos régions faiblement touristiques. En Haute-Vienne, des villages ont repris vie, les touristes se sont transformés en résidents, ils ont acquis des biens immobiliers à l'abandon, fourni du travail aux artisans et aux entreprises de la région, payé des impôts, inscrit leurs enfants à l'école, ramené de la vie là où elle avait disparu. Ces exemples ne sont pas isolés. L'ancienne région du Limousin (Creuse, Haute-Vienne, Corrèze), 1 % du PIB français, a bénéficié d'une injection d'argent frais pendant plus de vingt ans. Était-ce du développement durable ? Chaque année, les résidents étrangers, la plupart du temps des Anglais, Écossais ou Gallois, offraient l'équivalent d'une journée supplémentaire de PIB (de richesses créées) à la région limousine[1]. Une année à trois cent soixante-six jours pour un territoire mal desservi, situé sur un axe ferroviaire vieillissant, délaissé par les touristes français au profit du Bordelais ou du littoral ! Aujourd'hui encore, grâce à Ryanair, la capitale européenne la plus proche de Limoges en temps de transport est Londres et non Paris. Plus au sud, Carcassonne a bénéficié de

---

1. P. Perri, « Du monopole pur et dur aux compagnies low cost », thèse de géographie-aménagement, Université Via Domitia, 2006.

la ligne régulière entre son petit aéroport et la ville de Charleroi, en Belgique.

Les Verts et leurs alliés, d'autres personnalités écolos telles que Delphine Batho et Matthieu Orphelin, ou Insoumis comme François Ruffin, sincères ou opportunistes, proposent une réduction massive des liaisons aériennes en France, sur les vols auxquels on peut substituer une offre ferroviaire de moins de quatre heures. La Convention citoyenne a suivi cet avis et même défendu une éco-contribution par trajet, de nature à « limiter les effets néfastes du transport aérien », selon la formule des « conventionnels ».

« Taxer », « interdire », « limiter », les verbes employés par les écologistes pour accabler le transport aérien font souvent l'économie d'un examen précis des chiffres et des données. Regardons les faits. Le transport aérien est-il exempt de fiscalité, comme l'affirment les Verts ? En effet, le kérosène à usage aérien est détaxé, mais la fiscalité sur les billets d'avion est l'une des plus lourdes du secteur des transports publics. Sur un billet Orly-Marseille Provence à 100 euros, presque la moitié est constituée de taxes payées par l'utilisateur. Comparé au transport ferroviaire, le match est déséquilibré. Le train représente en France une activité fortement subventionnée, soit par l'État, soit par les régions. L'État a repris une partie de la dette de l'entité SNCF Infra (SNCF réseau) pour 35 milliards d'euros, et les régions financent jusqu'à 75 % du coût complet de déplacement des voyageurs. Prétendre que le transport aérien bénéficie de cadeaux fiscaux est un non-sens économique et une faute de jugement. Le juge de paix économique affirme, à l'inverse des écologistes, que le train est une activité massivement subventionnée, quand l'avion est, lui, l'objet d'une emprise fiscale excessive.

On pourrait ajouter que l'obsession des écologistes contre le transport aérien fait l'économie d'un examen critique comparé avec d'autres activités bien plus quotidiennes. Le digital par exemple, responsable de 3,8 % des émissions de gaz à effet de serre, mais très orienté à la hausse. Il y avait 20 milliards d'objets connectés dans le monde en 2020 et on en prévoit 48 milliards en 2025. Plus de 4 milliards de téléphones et Smartphones dans le monde. Ces objets consomment de l'énergie et des terres rares ; mais ils peuvent aussi réduire les mobilités, optimiser les consommations d'énergie, conseiller les bons comportements. Nous n'en sommes qu'aux prémices des applications de l'ère digitale. Il sera temps le moment venu de faire un solde coût-opportunité, mais la période de la pandémie de Covid a montré que de nouveaux usages émergent dans nos sociétés, que le monde connecté apporte des solutions. Villes plus intelligentes et moins consommatrices d'énergie, réseaux intelligents (*smart grid*), déplacements mieux maîtrisés. Devons-nous tout arrêter, comme le souhaitent les plus radicaux des Verts, hostiles à la 5G par exemple, au risque de récolter le recul et la misère ?

Pour arbitrer entre ceux qui prétendent qu'une croissance vertueuse est possible et les autres, collapsologues ou décroissants, il faut observer la tendance. La question est celle de l'élasticité environnementale de la production. Les externalités négatives sont-elles une fonction croissante du niveau de production ? Autrement dit, y a-t-il un lien symétrique, puis croissant entre le niveau des externalités négatives et le niveau de production ? À ce stade, grâce aux progrès des processus de production, la réponse est plutôt non. Au bout du chemin de la décroissance, on trouve certaines théories effondristes, dont celle des « communs latents » de l'anthropologue américaine Anna Tsing. Dans *Friction : délires et faux-semblants de la globalité*[1] et dans *Le Champignon de la fin du monde*[2], elle s'interrogeait pour savoir comment vivre en situation de coopération avec d'autres espèces que la nôtre sur les ruines du capitalisme, après l'effondrement de la société. Sa vision est sans doute la plus absolue et la plus pessimiste de toutes les pensées décroissantes. Négation de la science et du progrès, négation du rôle de l'homme, Anna Tsing n'entrevoit qu'un vaste terrain vague (notre humanité), ravagé par les dégâts du productivisme, un champ de ruine où vivrait une humanité résiduelle en attendant le retour de l'Holocène.

Le terme « communs » employé par Anna Tsing est contesté. Le commun est par définition l'objet d'une administration, il renvoie à l'idée de protection et donc de gouvernance. Pour l'anthropologue, le commun latent s'est logé dans « les interstices » de nos sociétés mourantes. C'est une forme d'écologie extrême dans laquelle les hommes ne sont que des cellules biologiques au milieu des autres, engagés dans leur seule survie comme espèce vivante !

La transition en marche

Il existe d'ores et déjà des éléments de preuve du découplage croissance-nuisances. La croissance est-elle de plus en plus qualitative ? La tendance le confirme,

1. Les Empêcheurs de penser en rond, 2020.
2. Les Empêcheurs de penser en rond/La Découverte, 2017.

dans les secteurs de la mobilité comme dans d'autres. Pour s'inscrire dans une démarche rationnelle, il faut observer la réalité technique et technologique des secteurs présentés comme responsables des émissions de gaz à effet de serre. Peut-on découpler la croissance de ses externalités négatives ? Existe-t-il un chemin possible pour conjuguer harmonieusement progrès et respect de l'environnement ? C'est l'immense défi auquel sont confrontés les grands secteurs industriels. Tous les dirigeants des entreprises de ces secteurs savent qu'ils sont attendus au coin du bois. Tous savent qu'ils ne sont plus tenus à de simples obligations de moyens mais à une obligation de résultat. Pour eux et pour leurs entreprises, l'enjeu est de rester sur le marché. Le danger est d'en sortir. Poussés par la réglementation européenne, et sans doute aussi par une réclamation clairement exprimée de la part des consommateurs, les constructeurs automobiles ont pris le tournant électrique au début de l'année 2021. Disons-le d'emblée, l'électrique n'est pas la panacée. C'est un des outils disponibles pour faire face à l'urgence, qui est de réduire les gaz à effet de serre. La France dispose d'un savoir-faire très significatif dans le domaine de l'hydrogène, et en particulier de l'hydrogène vert, celui qui est obtenu sans CO_2, grâce à l'électrolyse de l'eau. Voilà au passage une vraie filière d'investissement pour le plan de relance, à condition de garder le nucléaire.

Dans la théorie des avantages comparatifs, chaque pays doit développer son activité sur la base de ses prédispositions à produire tel ou tel produit. L'hydrogène coche toutes les cases : nous y sommes en avance sur beaucoup d'autres, et c'est un champ encore peu investi par la concurrence. Les planètes économiques sont alignées. Il faut avancer sur ce terrain dans le plan de relance français, en collaboration avec nos plus proches voisins, pour constituer une filière H ! Christian de Perthuis, titulaire de la chaire d'Économie du climat à l'université de Paris-Dauphine, écrit que le capitalisme viral « n'investit plus dans les fossiles, le moteur thermique, les systèmes centralisés. Il investit dans l'électron et l'hydrogène vert, le stockage de l'électricité et les réseaux énergétiques intelligents. Le capitalisme viral accélère la transition bas carbone[1] ».

En attendant l'heure H, les grands constructeurs automobiles travaillent sur la motorisation électrique. G.M. (General Motors) ne proposera plus que des modèles électriques à partir de 2035 ; Jaguar et Land Rover, spécialiste des SUV, dès 2025 ; Ford, le géant américain, pour les ventes en Europe en 2030 ; la marque Mini, du groupe BMW, là aussi en 2030 ; tandis que le groupe Volkswagen vise 50 % de ses ventes mondiales en électrique en 2030. Les marques françaises du groupe Stellantis ainsi que Renault basculent peu à peu dans la motorisation électrique ; l'Europe annonce la fin des motorisations essence et diesel en 2035. À l'échelle de grandes industries comme celle de l'automobile, cette transition est radicale, spectaculaire, décisive pour le climat. Elle s'inscrit dans un vaste mouvement de contraintes réglementaires voté par plusieurs pays européens, dont la Norvège, le Royaume-Uni, le Danemark, les Pays-Bas, la Suède et la Slovénie. Tous ces pays ont décidé l'interdiction des moteurs automobiles thermiques à des échéances rapprochées. Le marché européen de l'essence et/ou du diesel se rétrécit... La tendance est renforcée par les

1. Christian de Perthuis, « Covid et climat : la convergence des luttes », *Les Échos*, 17 mars 2021.

villes comme Paris, Lyon, Strasbourg ou Grenoble, qui ont elles aussi décidé d'interdire purement et simplement les moteurs diesel avant 2030. Nous y sommes presque ! Les derniers modèles thermiques seront vendus en 2035, sans doute plus performants et moins polluants que ceux d'aujourd'hui. Ils disparaîtront complètement des routes en 2050, après une quinzaine d'années d'espérance de vie.

Inutile de faire le procès des constructeurs et des motoristes, la voiture, objet iconique du xxe siècle, se convertit au vert. Il restera à trancher le débat sur les sources de production électrique et sur l'utilisation des terres rares, indispensables pour les batteries de ces véhicules, autant que la question très pratique des bornes de recharge : trente mille au moment où ces lignes sont écrites, avec un projet gouvernemental à cent mille, mais seulement cinq mille de plus chaque année. Nous sommes loin du compte. Les plus rapides sont encore les industriels. Fin juin 2021, à Douai, Luca de Meo, le dirigeant de Renault, inaugure une nouvelle usine de batteries électriques dans l'écosystème Renault, avec un partenariat capitalistique et technique chinois autour de Envision-AESC (Automotive Energy Supply Corporation). L'opérateur asiatique est propriétaire de l'outil de production qui équipera les véhicules électriques de Renault produits dans la région. Double avantage pour le Français ; une filière courte et l'agrégation d'un savoir-faire d'avenir. La question posée est maintenant celle de la plasticité commerciale de cette transition vers l'électrique à court terme. Les modèles hybrides ou 100 % électriques restent chers en dépit des aides de l'État et des primes aux constructeurs. Le véhicule neuf et vertueux est inaccessible à beaucoup de Français. En 2021, on aura vendu 6 millions de véhicules d'occasion en France contre 17 millions de voitures neuves !

Plus proche qu'on ne l'imagine, l'avion électrique a quitté la table de travail des ingénieurs pour entrer dans le monde réel des prototypes. Une société bretonne, Green Aerolease, filiale du groupe W3 fondé par Charles Cabillic, a commandé cinquante petits avions biplaces à propulsion électrique Velis Electro pour la formation des pilotes en aéroclubs. L'information n'était pas parvenue à la maire écologiste de Poitiers, qui a fait voter le 29 mars 2021 la fin des subventions aux aéroclubs de la ville, pourtant très engagés dans le baptême de l'air de jeunes handicapés. Mme Léonore Moncond'huy s'était fait remarquer en estimant qu'il ne fallait pas peupler l'imaginaire des jeunes de rêves d'avion ! Sa phrase malheureuse mais ô combien révélatrice des obsessions écologistes avait à l'époque provoqué de nombreuses réactions et mis dans l'embarras ses propres amis, dont Yannick Jadot, lequel avait dû concéder qu'il avait découvert une partie de la beauté du monde grâce à l'avion[1].

L'avion propre, lui, n'est pas un rêve. Une compagnie canadienne, Harbour Air, organise déjà des liaisons en hydravion électrique entre le port de Vancouver et celui de l'île de Victoria, distante de 90 kilomètres. En 2022, les premiers avions électriques à neuf places entameront leurs vols commerciaux ; en 2023, des hybrides électriques de vingt places et, en 2025, des appareils 100 % électriques de vingt places transporteront des passagers sur des routes commerciales. Toutefois, précise Xavier

1. La formule précise employée par Mme Moncond'huy, lors d'un conseil municipal de Poitiers en avril 2021, était la suivante : « L'aérien ne doit plus faire partie des rêves d'enfants. »

Tytelman, ingénieur et consultant aéronautique, « la grande révolution viendra au début des années 2030, du fabricant Wright Electric, avec des appareils de cent quatre-vingts sièges disposant d'une autonomie de 1 000 kilomètres. Ces routes représentent 50 % des routes mondiales et 25 % des gaz à effet de serre. »

Lors d'une émission à la télévision, j'ai eu l'occasion d'échanger sur ces perspectives avec le psychiatre et aéronaute Bertrand Piccard, l'homme qui a fait le tour du monde à bord de Solar Impulse, un avion 100 % électrique, et qui défend aujourd'hui un modèle de croissance économique qui ne serait pas uniquement un mouvement de croissance de la consommation mais de croissance du progrès et des technologies au service de l'humanité. Le Suisse Piccard veut réconcilier économie et écologie : « Nous avons eu une petite idée de ce que serait la décroissance avec la pandémie de Covid, des centaines de millions de chômeurs en plus et de la misère supplémentaire dans les pays pauvres. Qui veut continuer comme ça ? » Solar Impulse a labellisé mille solutions pour découpler croissance et nuisances. Si quelqu'un peut croire dans la perspective de l'avion de transport de passager électrique, c'est bien Bertrand Piccard. Il peut y croire d'autant plus sincèrement que la filière d'hydrogène vert progresse. La création d'énergie à partir de l'électrolyse de l'eau sans émission de CO_2 est en phase de prototype, et ses coûts de production vont décroître, pour arriver à 1 dollar américain le kilogramme autour de 2050. Un avion électrique avec une énergie électrique propre, c'est encore mieux. Il faut faire confiance aux ingénieurs pour prendre le chemin de crête qui serpente entre les pièges du retour en arrière et l'impasse d'une croissance insouciante de son environnement.

Dans le match train-avion, les calculs CO_2 sont en général insincères, pour ne pas dire truqués. Les experts plaident pour des comparaisons qui intégreraient un coût environnemental complet du train. Il ne suffit pas de comparer les trajets, il faut aussi y ajouter les infrastructures. Ainsi, 140 kilomètres de lignes à grande vitesse représentent 1,2 million de tonnes de CO_2, dont la moitié est constituée de matériaux entrants. Pour résumer, un kilomètre de ligne TGV pèse 8 000 tonnes en équivalent CO_2. Vingt-cinq années d'exploitation sont nécessaires pour amortir un tel investissement. Le combat mené par les écologistes contre le transport aérien est pavé de mauvaises intentions. Il vise avant tout un mode de vie qui s'accommode de la mobilité et des déplacements, il vise aussi le tourisme lointain, le triomphe d'une utopie, comme le dirait le sociologue Jean Viard, et les déplacements des hommes d'affaires. Le transport ferroviaire est parfaitement respectable, utile en matière d'aménagement de l'espace et du territoire, mais il n'a pas toutes les vertus et certainement pas la vertu tarifaire quand la SNCF a chassé l'avion de destination ou les deux modes de transport sont en concurrence.

Tous les grands secteurs de consommation sont passés au vert. Souvent dans le silence des laboratoires de recherche, loin des plateaux télévisés où le relativisme scientifique est la règle. Écoutons un instant Bertrand Piccard expliquer l'origine de son initiative « 1 000 solutions pour la planète » : « Le produit Ariel Cold (lessive du groupe Procter & Gamble) est à l'origine des “1 000 solutions rentables” de Solar Impulse. Il y a quinze ans, j'intervenais dans une conférence après le patron de Procter. Il expliquait que si les Américains utilisaient les nouveaux enzymes d'Ariel Cold pour laver à froid au lieu de faire bouillir leur linge, les États-Unis économiseraient 4 % de leur électricité. » L'économie est compatible avec l'écologie, la vraie, celle qui produit réellement des innovations de nature à répondre au défi climatique, au défi des ressources naturelles et de la biodiversité. Sans économie, il n'y aura pas d'écologie. C'est dans le couple économie-écologie qu'il faut rechercher les solutions, et non dans le sens inverse. Le groupe Procter & Gamble a poussé très loin les recherches pour fournir des capsules de lave-vaisselle qui ont rendu inutile le prélavage et permettent ainsi d'économiser la quantité d'eau qui y est associée. Les plastiques disparaissent progressivement des emballages des rasoirs Gillette et des flacons de shampoing Head & Shoulders, désormais produits en aluminium, réutilisables et rechargeables. Chez Nestlé, l'emblématique boîte plastique jaune de Nesquik, le chocolat en poudre, est progressivement remplacée par un emballage en carton. Pierre-Alexandre Teulié, le directeur général développement durable du groupe, démontre que l'empreinte carbone de Nestlé provient pour 70 % des productions agricoles en amont de la fabrication et pour 18 % de l'emballage des produits finis. Pour réduire les émissions de CO_2, la première initiative est de construire des usines au bout des champs, ce qui est fait – mais comment traiter la question des emballages ? Les industriels, qui s'affrontent sur le terrain de la concurrence commerciale, savent aussi partager les bons combats. Une entreprise de la chimie verte auvergnate vient de découvrir avec Nestlé et ses concurrents un processus de destruction et de recyclage du plastique sans utilisation d'hydrocarbures, grâce à un enzyme naturel.

Ces petits progrès ne se voient pas. Ils échappent à l'opinion et aux experts des conventions citoyennes. On les relève dans tous les secteurs et pour tous les produits. Les couches pour bébés, par exemple, intègrent désormais des cellules végétales sans parfum, sans blanchiment au chlore, sans lotion, sans allergènes, dont ceux listés par l'Union européenne. La liste des innovations est longue dans les familles des produits de grande consommation (PGC) ; elle l'est tout autant dans les métiers historiquement polluants, comme le bâtiment et les travaux publics, avec les ciments bas carbone et les « enrobés » qui couvrent les routes de France. Ces petites trouvailles sont le produit de la recherche et de l'innovation du secteur privé. Elles sont plus efficaces que toutes les lois sur le climat, plus efficientes que les proclamations et les moulinets de bras. Elles ont un défaut ! Elles sont invisibles. Le Grand Soir de l'écologie serait sans doute plus flamboyant, mais c'est une hypothèse.

Finalement, une fois de plus les entreprises auront été plus agiles et plus rapides que l'État, dans le cadre d'une transition qui mobilise pourtant beaucoup de savoir-faire. Les écologistes devraient applaudir une telle transition. Ils ont du mal à s'y résoudre car derrière les critiques de forme se cache toujours ce procès fait au capitalisme, dans lequel leurs intérêts ne sont pas représentés. Si vous voulez comprendre les préférences des Verts pour un certain type d'activités économiques, suivez la trace de l'argent. Elle nous conduit par exemple au Syndicat national des transformateurs de produits naturels et de culture biologique, dont le président, Didier Perréol, premier importateur historique de quinoa en France, est membre de l'association militante Générations Futures. L'ONG est financée par des enseignes du syndicat : Triballat (réseau Bio), Biocoop (12 milliards de chiffre d'affaires), Léa Nature, Botanic, et le groupe Ekibio, dirigé par le même Didier Perréol. La proximité entre les ONG environnementales et les sociétés commerciales du bio ne doit étonner personne. Elle tombe sous le sens, et il faut y voir un hommage des écologistes aux vertus du commerce et de l'échange. Le marché n'est pas entièrement mauvais !

La jeunesse et l'écologie

L'enquête de la sociologue Monique Dagnaud et du journaliste Jean-Laurent Cassely, parue chez Odile Jacob sous le titre *Génération surdiplômée*, dresse un portrait documenté et argumenté des sensibilités écologistes des jeunes Français. Le terme « écologie » et ses mille nuances de vert emportent l'adhésion des jeunes gens bien formés. Engagement écologique et expertise scientifique marchent ensemble, écrivent les deux auteurs. Les jeunes établissent un lien original à l'environnement, qu'il soit naturel ou social, mais ils restent en dehors des partis et adhèrent rarement à une formation politique, même si les militants des organisations non gouvernementales comme XR (Extinction Rebellion) sont très majoritairement diplômés. Les pratiques écologistes arriveront sans doute, avec cette approche pacifiée du rapport à l'environnement, à davantage d'efficacité que les stratégies fondées sur la peur. Les jeunes gens de sensibilité écologiste ne veulent pas abolir le capitalisme. Leur conscience est « un arc-en-ciel à mille tonalités qui englobe collapsologues et zadistes, apôtres de la décroissance et/ou de la sobriété heureuse, militants de la cause animale, protecteurs de l'environnement et simples citoyens, adeptes de l'écologie comme d'un supplément d'âme ». Le modèle consumériste qui est le nôtre devra subir l'épreuve de cette génération appelée à diriger le pays et les entreprises.

Parmi les plus engagés, on trouve la famille des surdiplômés, dans la catégorie 25-40 ans. Ils et elles contestent le modèle d'une société très ou trop consumériste et « le diktat de la compétition tous azimuts ». Pour ce groupe, l'adhésion à des valeurs environnementales est une option culturelle, liée à leurs connaissances et à la distance qu'ils ont prise avec le contenu des enseignements tournés vers l'optimisation de la performance. L'enquête de Dagnaud et Cassely fait apparaître une deuxième famille de jeunes adultes, diplômés du supérieur long (typiquement, les étudiants titulaires d'un doctorat dans le cycle universitaire LMD – licence, master, doctorat). Pour ces jeunes gens, l'engagement et le vote écologiste sont associés à un sentiment de déclassement, à la dégradation de statuts sociaux et professionnels. Deux réflexions sur ce point : beaucoup de jeunes diplômés des troisièmes cycles de l'université peinent à trouver un emploi à la hauteur de leurs ambitions. Pour eux, le rapport quantité d'études/qualité de l'emploi est faiblement productif. Toutes les universités et tous les diplômes ne se valent pas. L'ancienne première adjointe au maire de Bordeaux et fondatrice de l'école Futurae, Virginie Calmels, propose un *numerus clausus* non sur les métiers en tension mais sur ceux sans débouchés sérieux et qui conduisent plus sûrement au chômage. Elle voit juste. Pourquoi envoyer des générations de mal-diplômés dans le mur ?

Enfin, second point, comment ne pas voir l'avenir avec circonspection, quand la société et vos proches vous répètent à longueur de journée que c'était mieux avant et que demain sera cauchemardesque ? Les économistes aiment calculer des coefficients de corrélation. Dès lors, risquons celui que toutes les études mettent en évidence. La jeunesse des pays pauvres est plus optimiste que la nôtre. Caprice d'enfants gâtés à qui la société promet l'assurance d'une vie sous la protection du bouclier étatique et des programmes sociaux de la naissance à la mort ? La France, société – par excellence – de la redistribution et de la protection sociale, est aussi le pays le plus pessimiste des grandes nations, comme si nous avions plus à perdre qu'à gagner, ce qui est au fond le lot des sociétés inaptes à la remise en question.

L'âge des populations est devenu un déterminant très puissant de l'orientation politique. La droite et les personnes plus âgées mettent l'accent sur le maintien de l'ordre social. En France, 60 % du patrimoine privé appartient aux plus de soixante ans. Logique, les séniors ont mis une vie de travail à financer un patrimoine, souvent immobilier mais pas seulement. Ils sont moins tentés de changer le pays que les jeunes, engagés dans la conquête de leur propre souveraineté et dégagés des enjeux de préservation de l'acquis. Revenons aux deux groupes mis à jour par Dagnaud et Cassely. Les frustrations de la catégorie des déçus de l'enseignement long et les aspirations des surdiplômés forment l'électorat rouge-vert, qui a porté des équipes mixtes, Écologistes, gauche, Insoumis, à la tête de plusieurs grandes villes françaises en 2020. Cet électorat est jeune et sensible aux idées de gauche faisant ainsi écho aux travaux de Thomas Piketty sur la corrélation formation-opinion. Un article publié en 2018 par l'économiste de gauche cherche à démontrer que, depuis le début du siècle, le capital culturel (le niveau de diplôme) est un indicateur électoral puissant.

Piketty estime par exemple que les années 1970 constituent un pivot entre le monde d'avant, où le vote de gauche était lié au statut socio-économique et au niveau de revenu, et le monde d'après, dans lequel une corrélation très positive se dégage autour d'un axe moins économique et plus culturel, capital intellectuel-opinion. À l'inverse, si en effet les jeunes diplômés votent pour les partis de gauche et notamment les Verts, les plus anciens, a fortiori les plus expérimentés, ont tendance à voter à droite. On y voit la ligne de partage entre deux mondes. Un monde conservateur, soucieux de préserver son épargne, éloigné des enjeux du travail et de la production, et une sphère émergente de jeunes gens préoccupés par le monde qu'ils ont reçu en héritage.

La société française va changer car les Français changent eux-mêmes, grâce au renouvellement des générations. On peut se réjouir que la confiance apportée aux scientifiques pour évaluer les effets du dérèglement climatique augmente avec les diplômes obtenus. On s'inquiète en revanche, sans s'étonner toutefois, qu'elle baisse avec le niveau de formation des personnes. Pour savoir qu'on ne sait pas, il faut déjà savoir, dirait le philosophe Étienne Klein, reprenant la formule connue sous le nom « d'effet Dunning-Kruger[1] » ! En 1999, deux psychologues américains, David Dunning et Justin Kruger, traduisent un double paradoxe : « Pour mesurer son incompétence, il faut être compétent, et l'ignorance rend plus sûr de soi que la connaissance. » Les deux formules sont parfaitement emboîtées. Elles se répondent l'une à l'autre. On reprendra ici la thèse du philosophe anglais Bernard Williams, qui relève un effet miroir entre

1. Étienne Klein, *Le Goût du vrai*, Gallimard, coll. « Tracts », n° 17, juillet 2020.

les idées de véracité et de vérité. Les sociétés modernes ont un attachement intense à la véracité. On cherche à identifier les conflits d'intérêts, les motivations cachées des décisions publiques et, en même temps, on conteste la vérité scientifique quand elle est dite, y compris par des autorités indépendantes incontestables. C'est précisément parce que l'homme moderne cherche des raisons cachées et sans doute inavouables dans l'entrelacs des choix publics qu'il exprime des doutes quand une vérité de la science lui est présentée. Gaston Bachelard avait raison : pour faire de la science, il faut apprendre à penser contre son cerveau ! À l'inverse des personnes qui doutent sans cesse, Dagnaud et Cassely écrivent que les diplômés et les CSP+ ont une vision optimiste du progrès, ils imaginent que « les effets conjugués des changements de mode de vie (auxquels ils sont prêts à se plier), du volontarisme étatique et du progrès scientifique et technique permettront d'enrayer les dégâts des émissions de gaz à effet de serre ».

Les mouvements écologistes recrutent beaucoup dans les universités et à la sortie de quelques grandes écoles. Comme souvent, la jeunesse s'enthousiasme, et c'est plutôt une bonne nouvelle. Dans certains cas cependant, l'enthousiasme se transforme en violence, voire dans les universités et *colleges* américains en règlement de comptes. En France d'abord, les antispécistes, antivoitures, antidiesels, hébergés dans la galaxie verte et encouragés par les dirigeants d'Europe Écologie Les Verts, mènent régulièrement des opérations coup de poing, avec menaces physiques, et entraves au moins contre les biens. Au mois d'octobre 2020, des militants d'XR (Extinction Rebellion) dégonflent l'un des quatre pneumatiques de plus de deux cents véhicules de type SUV dans les quartiers bourgeois de Bordeaux. Ils laissent un tract sur le pare-brise des véhicules ciblés : « Ne le prenez pas pour vous, c'est contre votre SUV, un des plus gros pollueurs de la route », et précisent que les ventes de SUV ont été multipliées par sept en dix ans. Dans les universités, la violence s'exerce contre les contenus, contre les invités, contre les séminaires quand l'orientation choisie est perçue comme contraire aux biais idéologiques de groupes militants. Les questions postcoloniales, les questions de genre ou d'orientation religieuse ou sexuelle sont particulièrement surveillées par ces groupes d'activistes.

Le biais de la post-vérité

La complexité du monde peut inquiéter. Après tout, l'idée de vérité scientifique n'est pas inscrite dans nos gènes et, dans certains cas, elle peut déranger la paix de l'esprit. Certains vous diront, « on en a assez comme ça », par exemple comme les maires écologistes hostiles à l'installation d'antennes 5G sur le territoire de leur commune ; d'autres, par choix, peut-être même par goût, ne veulent pas du progrès parce qu'il les dépasse ou parce que la vérité les effraie. Étienne Klein va même un peu plus loin et livre à notre réflexion cette formule sur le passage progressif de la vérité à la post-vérité : « L'évolution des sciences, les grandes découvertes ont toujours produit une sorte de plaisir jubilatoire pour les scientifiques eux-mêmes tandis qu'elles apportaient du confort à l'humanité. La recherche et le plaisir ont vécu ensemble pendant longtemps avant de se séparer pour finalement prendre des routes différentes. Le goût du vrai va disparaître à mesure qu'il garantira moins de plaisir. »

L'amour de la vérité (scientifique) ne résiste pas aux représentations du monde qui se sont bâties sur des biais idéologiques et sur un certain ressenti du réel. Le débat sur le plus honni des pesticides, le glyphosate, montre bien que la vérité de la science n'est pas nécessairement celle de l'esprit. La post-vérité se construit par affirmation, j'allais écrire par proclamation. Quelques ONG environnementalistes et quelques voix écologistes ont proclamé que l'herbicide de Monsanto était dangereux pour la santé et provoquait des pathologies graves, comme les cancers, en faisant l'impasse sur l'immense majorité des études d'impact, dont celle d'Agricultural Health Study, organisme public de recherche américain, portant sur un temps long d'analyse et sur une cohorte de plus de cinquante mille personnes[1]. Ce travail scientifique incontestable a classé les populations utilisatrices directes du produit en plusieurs catégories et neutralisé statistiquement les variables externes comme la consommation de tabac ou d'alcool. L'étude conclut à l'absence de lien entre l'utilisation du glyphosate et la survenue de cancers. Elle a été dirigée par Laura Beane, épidémiologiste à l'Institut américain du cancer. Le Circ (Centre international de recherche sur le cancer), très largement relayé par les voix écologistes, qui avait affirmé l'inverse, n'a pas souhaité modifier son avis sur le produit en dépit des révélations scientifiques incontestables d'études plus récentes et plus vastes, dont celle de AHS. Début juillet 2021, l'Inserm (Institut national de la santé et de la recherche médicale) publie un avis très attendu sur le lien entre l'utilisation de produits phytosanitaires (pour les utilisateurs eux-mêmes) et la survenue d'une

1. Dix-huit des dix-neuf agences mondiales de réglementation et de surveillance des produits cliniques estiment à ce jour que le glyphosate ne provoque pas le cancer.

vingtaine de maladies, dont des cancers. Il n'en ressort aucune conclusion alarmiste sur l'utilisation du glyphosate par les agriculteurs. Une fois encore, la population des consommateurs n'est pas concernée. Ce qui intéresse les chercheurs, c'est l'étude des populations en contact direct avec le produit. L'Inserm livre une conclusion (provisoire) de bon sens. La dose fait le poison. En grande quantité, le produit est potentiellement toxique. Utilisé dans les conditions du mode d'emploi, en neutralisant les risques externes, comme le tabac ou l'alcool, il est sans effet.

La vérité scientifique est parfois décevante pour ceux qui ont voulu se tenir aux marges de la recherche. Imaginez la douche froide, pour toutes ces ONG, si la science arbitre demain à l'inverse de leur fonds de commerce. L'édifice s'écroule et c'est leur existence même qui est compromise. La science n'est donc pas un parti pris culturel et la vérité est souvent moins poétique, moins esthétique qu'on ne l'imagine. Elle ne correspond pas à nos rêves. Restons un instant sur le cas du glyphosate. Les campagnes des ONG et des écologistes contre ce produit en ont fait le danger numéro un pour la santé des consommateurs. Le *storytelling* a été très efficace. Le public doit s'imaginer que les utilisateurs du terrible herbicide pulvérisent les récoltes vendues sur les marchés. La bonne blague ! Une petite leçon de choses s'impose. Dans l'agriculture dite de conservation des sols, les paysans privilégient les couverts, c'est-à-dire les plantes d'interculture destinées à recouvrir le sol pour le protéger. Cette technique, entre deux cultures alimentaires, évite le passage du tracteur et de la charrue. La terre doit être oxygénée. Pour y parvenir, une des techniques disponibles, la plus ancienne sans doute, consiste à retourner la terre. On laboure, mais le tracteur émet du CO_2.

Les machines agricoles puissantes consomment jusqu'à 100 litres de gasoil par hectare sur une saison complète. Dans ce cas, on évite en effet l'usage d'un herbicide, mais le passage du tracteur dégage une grande quantité de CO_2. Les deux voies de culture ont chacune des avantages et des inconvénients, et il n'existe pas à ce jour d'autre formule disponible. Les agriculteurs expliquent de surcroît que l'utilisation des outils de travail de la terre dérange la faune de surface, jusqu'à 30 centimètres de profondeur. Cette faune est utile à l'enrichissement de la terre. Dans l'agriculture de conservation des sols, les paysans ont recours au glyphosate, à dose très réduite – environ 2 litres à l'hectare – pour supprimer les couverts et organiser la rotation des cultures sans destruction mécanique des indésirables : une proportion négligeable, comparée au coût environnemental du labourage. Pour résumer le débat, d'un côté, une technique sans glyphosate mais avec d'autres inconvénients, de l'autre un peu de glyphosate pour détruire les intercultures mais pas d'émission de CO_2 pour retourner la terre.

On peut reprocher à la science d'être inesthétique, elle a vocation à nous dire le vrai, rien de plus ; sachant, et c'est réconfortant, qu'il n'est que temporaire. Dans le secteur agricole, l'association des sciences cognitives et du digital permet déjà de mesurer, mètre carré par mètre carré, les besoins très précis des plantes et des sols. Les écologistes aiment l'image d'une agriculture paysanne, celle d'un José Bové avec sa pipe et son beau chapeau ; ils savent que ces images font mouche dans l'esprit des citadins, souvent ignorants des formidables progrès du monde agricole. La science est moins glamour qu'un plat de lentilles bio, mais elle est ainsi, froide et sans cœur. Son seul mérite est de dire les faits et non les croyances.

4

La science militante

La post-vérité s'incarne quelquefois sous les traits d'une science militante. À leur décharge, il faut admettre que les médias ont du mal à porter toute la complexité des débats scientifiques auprès du public. Je m'en rends compte chaque jour en animant une émission d'économie à la télévision. La télévision n'est pas le bon média pour rendre compte de données complexes. Il faut souvent simplifier pour être compris et en simplifiant on réduit la portée de ce qui est vrai. Or, le vrai est subtil. Plus la science avance, plus il sera complexe d'en rendre compte, plus la confusion l'emportera sur la clarté. C'est un paradoxe auquel il faut apporter des réponses sous peine de rater le rendez-vous entre le peuple et le progrès. Scientifiques et non-scientifiques, nous devons régler ce problème de communication avec le public. Tout manque : les mots, les formats, les démonstrations. Plus les scientifiques avancent dans la recherche et trouvent des voies de sortie, plus la confusion augmente. C'est à désespérer !

Les tenants d'une science militante se sont habilement glissés dans cet angle mort de la complexité. Ils pratiquent en général les principes d'une règle de marketing que la formule anglaise suivante résume bien : *repetition makes reputation*. À force de répéter, on finit par convaincre. J'ai toujours été frappé par la réaction militante de certains journalistes quand nous évoquions ensemble l'usage du glyphosate. Un coup de menton suffisait à régler le débat : « Tu rigoles, le glyphosate ? Un poison ! » Le concept de réfutabilité est consubstantiel à l'étude scientifique. Elle s'accommode mal d'une société d'opinion dans laquelle les vérités peuvent être déterminées par intuition ou par sondage… Intuitivement, notre cerveau nous suggère que ce qui est réfutable n'est pas scientifique, puisque la science dit le vrai. Et pourtant, c'est l'inverse qu'il faut comprendre ! La science évolue, ce sont les croyances qui ne changent pas. On trouve encore des centaines de millions de personnes pour expliquer que la rotondité de la Terre n'a jamais été démontrée ! Et d'autres centaines de millions pour dire que l'expertise scientifique est une opinion parmi les autres.

Le relativisme scientifique et l'indifférenciation ont progressé, au cours des dernières années. C'est souvent dans le domaine hautement symbolique de l'alimentation que les vérités incertaines sont diffusées et amplifiées. Nous, Français, considérons avec beaucoup de sérieux ce qui se retrouve dans nos assiettes. Les écologistes et les militants des ONG ont compris que l'agroalimentaire était un formidable terrain de chasse. Ils poussent le bio, voire la bio et présentent les OGM comme des poisons dangereux. Beaucoup de Français un peu naïfs les suivent sur ce terrain, alors qu'ils sont les premiers à financer le téléthon contre les maladies génétiques en donnant pour la recherche sur le génome humain. Passons !

Certaines études très orientées sont financées par ce qu'il faut bien appeler le lobby du bio. Les incitations au bio sont nombreuses. L'enjeu est d'abord commercial. En 2012, une passe d'armes sérieuse oppose le chercheur Gilles-Éric Séralini, biologiste de l'université de Caen, à une partie de la communauté scientifique[1]. M. Séralini, scientifique proche des écologistes, antinucléaire, anti-OGM, antipesticides, publie avec ses collaborateurs une étude alarmiste sur un maïs génétiquement modifié, le NK 603. Elle dénonce la toxicité de la modification génétique et est illustrée par des photographies de rats tuméfiés. L'étude est publiée par *L'Obs*, et ses auteurs négocient l'absence de contre-expertise en amont de la publication[2]. L'Association européenne des journalistes scientifiques condamne la clause de confidentialité et s'étonne des méthodes employées. Le rôle d'un journaliste est de confronter les points de vue, non de les arbitrer. L'affaire fait grand bruit, et la référence Séralini est très largement utilisée par les écologistes et les ONG environnementalistes pour expliquer que les OGM représentent un danger mortel pour la santé des consommateurs. En novembre 2013, plus d'un an après la publication de son étude, une revue scientifique qui avait publié le travail du groupe de recherche ordonne sa rétractation et affirme que les auteurs sont allés trop loin dans leurs conclusions. Dans le *Huffington Post*, le 21 septembre 2012, le professeur Narbonne, professeur émérite en toxicologie, écrit que les extrapolations du rapport

1. M. Séralini a créé le CRII-Gen (Centre de recherche et d'information indépendantes sur le génie génétique) en 1999 avec Jean-Marie Pelt et Corinne Lepage. Il milite activement contre les OGM et les pesticides.
2. Marcel Kuntz (directeur de recherche au CNRS), *L'Affaire Séralini, l'impasse d'une science militante*, Fondapol, juin 2019.

Séralini relèvent de la désinformation caractérisée. On sait ce qu'il advient des querelles d'experts sur des sujets scientifiques. L'opinion ne retient que l'information choc. Elle ne suit pas les échanges entre scientifiques et, dans la plupart des cas, n'y a pas accès. Pire, dans certains cas, des journalistes relativisent les résultats de l'enquête controversée mais estiment que les avis critiques sont eux aussi entachés de relativisme. *Le Monde* développe des contre-feux en évoquant des conflits d'intérêts. La technique est toujours la même : les experts des agences officielles sont vendus à l'industrie, l'expertise des grandes agences n'est pas crédible... Pour étayer leurs arguments, les militants des ONG comme Greenpeace ou Reporterre vont chercher les exemples extérieurs au débat pour expliquer que l'expertise officielle est entachée de conflits d'intérêts[1]. La technique est là encore souvent pratiquée. Déplacez le centre de gravité du débat, quittez le terrain du savoir scientifique, quand les conclusions ne vous conviennent pas, et calomniez l'adversaire, comme le dit le bon sens populaire, il en restera toujours quelque chose.

Les vérités de la science, vérités temporaires et réfutables, sont le produit d'études et de débats contradictoires. La puissance publique devrait veiller non pas à préserver les vérités scientifiques, ce n'est pas son rôle, mais à garantir que les chercheurs et les scientifiques disposent en toutes circonstances des conditions adéquates pour exercer leur magistère. Or, en France, terrorisé par les procès d'opinion, victime de ses

1. Reporterre est un site français d'actualité orienté vers les questions sociales et environnementales. Il a été lancé en 2007 par le journaliste Hervé Kempf, auteur de l'ouvrage *Comment les riches détruisent la planète* (Seuil, 2007).

propres préventions, l'État cède souvent à la panique. On interdit telle ou telle culture, quitte à passer à côté de découvertes scientifiques essentielles. La peur l'emporte sur la curiosité académique. Le temps des sorciers et des sorcières est revenu. Demandez à un militant anti-OGM quels sont les dangers des organismes génétiquement modifiés, il vous répondra que c'est dangereux pour la santé, rien de plus. Dites-lui que les productions agricoles sont toutes le produit d'hybridations, et il vous regardera avec des yeux tout ronds ! Face à la science militante, il faudrait un État puissant et énergique. Un État qui rende à César ce qui est à César, c'est-à-dire l'expertise aux experts, et non un État arbitre entre croyances et connaissances. Nous en sommes loin, hélas. Tout doit être fait pour préserver l'opinion, pour ne pas déranger les consciences endormies, quitte à faire fuir toutes nos têtes bien faites, tous nos cerveaux, qui vont chercher ailleurs qu'en France des laboratoires de recherche prêts à les accueillir pour y travailler dans des conditions convenables.

De la peur à la barbarie

La « froide déesse de la peur » (Joseph de Maistre) a saisi le pays et ses gens ! La peur et l'ignorance sont deux leviers essentiels de pouvoir. La crise du Covid-19 proposait à la fois la peur et l'ignorance. Y compris de ceux qui étaient censés savoir. Les sachants se déchiraient en rivalisant sur les plateaux des chaînes d'information. La médecine n'est pas une science exacte, mais expérimentale et, dans ce cas de figure, aucune assurance ne peut être donnée sur l'état de la connaissance. Le philosophe des sciences Étienne Klein se rappelle, dans *Le Goût du vrai*[1], que le 5 avril 2020 *Le Parisien* interrogeait ses lecteurs sur l'efficacité d'un médicament X contre la maladie, dont on ne savait presque rien. Question : est-il efficace pour lutter contre le coronavirus ? La pandémie est apparue en France quelques semaines plus tôt, et la communauté scientifique n'a acquis aucune connaissance stable, mais les lecteurs d'un journal populaire, qui n'ont ni formation médicale ni formation scientifique, disent à 59 % que oui, en effet, ce médicament est efficace ! Ils ne sont que 21 % à oser dire qu'ils ne savent pas. Ah, les sages répondants, minoritaires hélas ! Ceux-là savaient que les connaissances scientifiques ne se « pensent pas », mais qu'elles s'acquièrent !

L'inconnu donne lieu à des surréactions frénétiques. Les exemples n'ont pas manqué pendant les premières semaines de la pandémie : à l'échelon individuel, des couples se sont battus à mort parce que l'un soupçonnait l'autre de l'avoir contaminé, des infirmiers, médecins ont été chassés (oui, chassés !) de leur domicile parce qu'ils étaient soignants. La crise de la Covid marque une étape importante de l'évolution anthropologique. La société de la peur se révèle à elle-même. Les messages adressés à l'opinion par les prophètes de l'effondrement peuvent produire le même effet. Ils s'inscrivent en tout cas dans le même contexte : la peur de l'inconnu fait perdre la tête. Elle conduit à imaginer le pire.

La suite est connue. Ceux qui ont l'apocalypse en tête finissent par y croire, au nom d'une loi simple que chacun pourra vérifier autour de lui : les hommes croient ce qu'ils aiment croire ! La vérité et le réel n'ont rien à voir dans tout cela. On place sa foi dans ce qu'on aime. C'est humain, scientifiquement inepte,

1. Gallimard, coll. « Tracts », juillet 2020.

mais rassurant ! Le professeur de philosophie de l'université de Strasbourg Gérard Bensussan pose la bonne question : la peur est-elle faiblesse ou lucidité en temps de crise ? « Il est devenu de bon ton de répéter sur tous les plateaux que la peur ne saurait être bonne conseillère, qu'on ne fait pas de bonne politique en la brandissant, qu'on ne gouverne pas par la peur » (*Le Monde*, 20 novembre 2020). La peur peut être un guide pour l'action, rappelle Bensussan en relisant le philosophe allemand Hans Jonas, inspirateur du courant écologiste de l'autre côté du Rhin, défenseur d'une « nouvelle ascèse », comme le signale avec justesse le philosophe Michel Onfray. Dans sa revue *Front populaire* consacrée aux écologies, « Les leurs et la nôtre » (n° 5 paru l'été 2021), Onfray retient que Jonas construit son discours plus sur un postulat que sur une démonstration. C'est parfaitement exact. Jonas et ses disciples s'exonèrent de tout raisonnement. Ils ne parlent pas à la raison mais aux émotions. Ils vous apostrophent comme l'ont fait beaucoup d'autres avant eux : « Comment pourriez-vous faire ça à vos enfants ? » Ça, c'est-à-dire le saccage de la planète. Et, en effet, les mauvais exemples ne manquent pas. « Ni le communisme ni le capitalisme n'ont pris en charge la question du destin de la planète », Tchernobyl en avril 1986, auquel on peut ajouter dans un autre registre le déploiement de milliers de centrales à charbon en Chine, dans ce pays du capitalisme d'État communiste ; mais aussi, pour le capitalisme, la surexploitation du pétrole, les catastrophes du *Torrey Canyon* en 1967, celle de l'*Amoco Cadiz* en 1978, de l'*Exxon Valdez* en 1989, ou enfin celle de l'*Erika* en 1999.

La peur, estime Jonas, aide à la prévention du pire. C'est vrai pour ceux qui gouvernent et beaucoup, d'ailleurs, ne s'en privent pas. Le principe de précaution avait été conçu pour réduire le risque dans le cadre de politiques prudentes. Cependant, il était à l'origine un principe d'action et non un principe interdisant l'action, ce qu'il est devenu au fil du temps en France. La peur peut donc inspirer négativement ceux qui gouvernent.

La peur, selon Bensussan, fonde le principe de responsabilité. Est-ce vraiment si sûr ? N'est-ce pas au contraire l'inverse, dans la plupart des cas ? La peur ne stimule pas la réflexion, pas plus qu'elle ne conduit à l'émancipation des individus. La peur fabrique de bons petits soldats, là où il faudrait des esprits éclairés et du sang-froid. Onfray rappelle que Jonas « ne porte pas dans son cœur la discussion, le débat, la délibération, l'élection et autres pratiques associées au fonctionnement démocratique. Ce ne sont pour lui que procrastinations qui entravent l'action politique exigée par l'urgence écologique. » Jonas « effraie, tonne, et maudit, il effarouche, peste et angoisse ». Dans la mission des dirigeants de nos États, figure en effet l'obligation implicite de préservation du patrimoine commun dont nous sommes tous dépositaires. Les biens communs, dont ils ont la charge au même titre que chacun d'entre nous, mais avec le levier puissant des politiques publiques, ces biens communs ne peuvent pas être aliénés et, dans ce cas, la peur peut être entendue comme une garantie de préservation. Elle retient la main de celles et ceux qui prendraient des risques inconsidérés. « La peur, estime l'auteur du *Principe responsabilité*[1], conduit à faire face à une situation et devant elle à orienter l'action afin d'éviter que ne vienne à se réaliser ce que nous avons imaginairement anticipé dans la crainte et

1. Cerf, 1991 ; Flammarion, 1995.

le tremblement. » Faudrait-il par exemple aller jusqu'à changer le régime de propriété des biens communs ? La théorie libérale de la propriété postule l'idée du droit d'aliéner les choses que l'on possède, c'est-à-dire de les vendre, de les céder, voire de les détruire. Les communs mériteraient un statut à part, protecteur, conservateur de l'intérêt collectif, dans la mesure où leur destruction aurait des conséquences pour tous sur le temps long. Certaines choses sur cette Terre ne sont pas des marchandises. Le monde d'aujourd'hui est appelé à trancher une question qui n'engage pas seulement les propriétaires des communs, les États, les collectivités publiques ou des personnes de droit privé, mais aussi l'avenir de l'humanité. Je milite pour conférer un nouveau statut juridique garanti par le droit international aux biens matériels et immatériels de la communauté des hommes qui déterminent la santé des milliards d'individus peuplant notre planète. Je rappelle régulièrement que le gratuit est un piège économique, un mythe dangereux. Non, l'air que nous respirons n'est pas gratuit, en dépit des apparences. Donner un prix aux choses, c'est aussi les protéger et les conserver, ce qui est au fond la vraie démarche écologiste !

Tout au long de la crise sanitaire de 2020, les écologistes n'ont eu de cesse de critiquer les politiques publiques menées par le gouvernement français, d'abord celui d'Édouard Philippe puis celui de Jean Castex. Ils ont participé au chœur des *jamais contents*, au concert mis en scène sur les plateaux télévisés de celles et ceux qui trouvaient que c'était trop peu ou pas assez, trop tôt ou trop tard, etc. Dans le pire des cas, des voix du parti EELV ont mis en doute la pertinence de la vaccination. Michèle Rivasi, ancienne députée apparentée socialiste (1997) puis élue écologiste au Parlement européen, s'est distinguée par ses déclarations antivaccins, dont celle-ci en avril 2015, bien avant l'apparition de la Covid-19 : « Aujourd'hui, les vaccins créent plus de problèmes qu'ils n'en résolvent, il est temps de changer de paradigme sur la prévention. » Mme Rivasi fera disparaître cette phrase de son site personnel en 2018. En pleine pandémie de Covid-19, l'élue écologiste peut difficilement revendiquer son hostilité à la vaccination. Elle défend la vaccination à condition qu'elle soit « contrôlée » (*sic*). Dans le cadre de ses activités à Bruxelles, Mme Rivasi s'était fait remarquer en invitant à une conférence Andrew Wakefield, un médecin radié pour fraude à propos d'une publication tronquée établissant un lien entre vaccination et autisme. Les historiens des sciences montrent que le vaccinoscepticisme frappe aussi les classes moyennes en rupture avec l'État providence et avec les institutions. Interrogés par Conspiracy Watch et l'institut Jean Jaurès avant la crise du Covid (février 2019), 43 % des personnes interrogées estiment que le gouvernement est de mèche avec les laboratoires pour cacher au public la nocivité des vaccins. Dans un tel contexte de doute, chaque parole devrait être pesée. Chaque mot mesuré. Chacun et notamment ceux qui ont un nom devraient faire preuve de la plus grande prudence. C'est souvent l'inverse qui se produit, quand par exemple des artistes, sans aucune formation scientifique, sans aucune qualification académique, se permettent de dénoncer un complot visant à placer des puces dans les vaccins pour tracer les vaccinés. Passe encore pour des acteurs de cinéma, mais il y a pire. Ségolène Royal, proche des mouvements écologistes, affirme avant d'être sèchement démentie par la Ligue nationale contre le cancer que les « pesticides donnent des cancers du sein ». Quand on lui demande de rendre des comptes sur l'utilisation de l'argent public dans le cadre de sa mission sur les pôles, elle se défend en plaidant une opération téléguidée contre elle, au motif qu'elle aurait pris position contre le glyphosate et les pesticides.

On peut aussi s'inquiéter du succès de ce documentaire intitulé *Hold-up, retour sur un chaos,* « faux en usage de faux » réalisé par Pierre Barnérias, un spécialiste des « morts imminentes » et produit par Christophe Cossé. Ce documentaire sur la crise de la Covid aligne les thèses complotistes et contient des inexactitudes. Le conspirationnisme est pour ses adeptes une forme de thérapie palliant souvent leur ignorance. Ils ne savent rien mais les théories du complot fournissent une explication satisfaisante. Elles occupent un vide, laissé par l'incompréhension, voire l'ignorance, et c'est pourquoi beaucoup s'y accrochent comme à une bouée. Le problème de la peur, c'est qu'elle conduit plus souvent à la psychose qu'à l'acuité du jugement. Les psychoses empêchent la prise de décision froide et lucide. Elles faussent le jugement. Le journaliste et géopolitologue Renaud Girard et le professeur agrégé de philosophie Jean-Loup Bonnamy, auteurs de *Quand la psychose fait dérailler le monde*[1], écrivent que « le confort dans lequel nous vivons aujourd'hui est tout à fait exceptionnel, tant du point de vue historique que géographique ». Que veulent-ils dire ? Qu'aussi loin que nous remontions dans les temps anciens, jamais, au grand jamais, notre condition humaine n'a été aussi protégée et, quel que soit le pays vers lequel nous nous tournons, rien de plus efficace que le système français de protection ne peut être offert à une société humaine. Ce confort, écrivent les deux auteurs, « nous a modifiés,

1. Gallimard, coll. « Tracts », n° 21, octobre 2020.

anthropologiquement, il nous a diminués, désarmés face aux dangers, et nous a fait redouter jusqu'aux risques les plus insignifiants ».

La France offre des garanties de la naissance jusqu'à la mort. Nul ne s'en plaindra, même si ce luxe nous coûte cher, mais nul ne doit non plus l'ignorer. Comment encore entendre que ce pays subit le joug d'une idéologie libérale, voire ultra-libérale ou post-libérale, quand la France offre toutes les garanties : une politique familiale généreuse, la santé publique absolument gratuite, y compris pour ceux qui, arrivant sur le territoire, n'ont jamais abondé la caisse de communauté, des écoles publiques ouvertes à tous, offrant au passage des cantines gratuites pour les plus nécessiteux, une assurance chômage payée par les entreprises, une assurance retraite garantissant un revenu de remplacement minimum… « Nous sommes dirigés par des gens qui n'ont jamais eu peur, qui n'ont jamais eu faim, qui n'ont jamais eu froid, qui n'ont jamais vu de morts », rappelle Régis Debray.

« Dieu, ou la nature » (Spinoza)

L'écologie n'est pas tombée du ciel. En tant que courant de pensée, elle est née au XXe siècle, le siècle du productivisme et de l'industrie, le siècle du progrès des techniques et des technologies. On peut la considérer comme un avertissement à l'humanité. La technique peut dévorer l'homme. Elle l'éloigne d'un mode de vie paisible, en concordance avec la nature. La technique est une contre-culture. L'organisation technique transforme le monde naturel et les rapports du monde social. En modifiant radicalement la nature, on met la liberté des êtres humains en péril. Les catholiques se méfient de la fortune, les écologistes se méfient du « progrès » ! Même combat ? Ils évoquent même les « mythes du progrès ». Les deux vont ensemble, la fortune naît du progrès quand elle ne l'entraîne pas. Les deux courants de pensée, chrétien d'un côté, vert de l'autre, avaient toutes les raisons de se rencontrer dans un appel à la sobriété, dans leur combat contre l'économie de marché. Plus le marché avance, plus Dieu recule. Remplacez Dieu par la « nature naturante » (Thomas d'Aquin) et la boucle est bouclée. Dans une série de textes communs écrits dans l'entre-deux-guerres, Jacques Ellul et Bernard Charbonneau (philosophes et libres penseurs) expriment une idée voisine. L'homme perd ses libertés fondamentales au contact du progrès technique. Plus il s'éloigne de la nature, plus il s'aliène. Au passage, on peut longuement discuter l'idée de liberté. Certes, l'homme est libre dans la nature, sans l'asservissement de la croissance économique, mais quelle est cette liberté ? Est-elle durable ? L'homme, exposé à l'état de nature, est une vie parmi les autres, une vie fragile. La « nature naturante » est aussi une nature cannibale. Sans la technique du feu, sans celle de la métallurgie, l'homme aurait-il survécu dans un monde hostile ? Notre survie comme espèce est le produit de notre volonté, de notre intelligence collective et des moyens techniques que vous avons découverts et maîtrisés. Ellul et Charbonneau sont des enfants du XXe siècle, les enfants de la Grande Guerre. Ils sont contemporains des années de convergence des modes de vie. En ce sens, le XXe siècle est celui de la standardisation des comportements, des aspirations communes au progrès ; il dépersonnalise, pensent les deux auteurs, qui appellent au retour de l'ascèse. Ellul et Charbonneau ont jeté les bases d'une démarche écologiste. Ils n'auraient sans doute pas adhéré à un parti politique. Les deux pionniers de l'École de Bordeaux se réclament du personnalisme, mouvement qui, à la suite d'Emmanuel Mounier, visait l'émancipation de l'individu par une synthèse entre la transcendance et la raison. Dans leur esprit, la technique est un procédé général qui éloigne l'homme de la nature et de lui-même, et finit par produire de la résignation.

L'un et l'autre partagent une vision très négative du progrès. Le procès qu'ils lui instruisent fait l'économie de sa contribution en matière de confort et de santé. Ellul et Charbonneau entretiennent eux aussi une vision mythifiée de la nature. Ils oublient un peu vite qu'elle peut être dangereuse et cruelle. L'entre-deux-guerres et l'après-guerre, que les Trente Glorieuses vont couronner, sont deux périodes de croissance exceptionnelle. Les modes de vie se transforment, on passe d'une société de subsistance à une société de consommation. L'homme est résigné face au marché, écrit Bernard Charbonneau dès 1936 : « Malgré les prisons et les massacres, communisme, libéralisme et fascisme ont au fond le même argument dernier, mesurable en francs, en tonnes, en hectolitres : la production[1]. »

On peut donc faire remonter la naissance d'un courant écologiste à la première partie du XXe siècle. Et puisque nous recherchons aussi le lien entre la foi en Dieu et la foi en la nature, il faut observer que les premiers producteurs de pensées vertes sont issus du monde chrétien. Leur appel messianique contre

1. Luc Semal, *Bernard Charbonneau et Jacques Ellul. « Nous sommes des révolutionnaires malgré nous ». Textes pionniers de l'écologie politique*, Seuil, 2014.

les risques d'une croissance asservissante présente un caractère quasi biblique. Bernard Charbonneau écrit en 1945 : « Il n'y a plus d'éternité, il n'y a plus de nature, mais une situation précaire artificiellement maintenue par une convention entre les grands États. » Il appelle à l'insoumission : « Que tous ceux qui croient avoir un rôle à jouer dans la révolution qui vient (contre une civilisation qui ne vit que de notre propre mort) se réparent eux-mêmes. Puis, qu'ils viennent et nous aident. » Ce texte est écrit à l'issue de la Seconde Guerre mondiale. Il doit être recontextualisé, mais il préfigure *La Société du risque*, livre publié quelques années plus tard, sous la plume du sociologue allemand Ulrich Beck. Comme l'écrit Jacques Lévy dans *L'Humanité : un commencement*[1], le modèle productif est affaibli.

Ses externalités négatives, souvent mal calculées, sont désormais mieux connues. Le poids des activités humaines sur le climat réduit la productivité ; un épisode de zoonose présumée comme la Covid a détruit en quelques mois la valeur de la production des années précédentes, asséché la trésorerie des entreprises, jeté dans le chômage des millions de gens, la santé publique s'est dégradée, les programmes d'enseignement ont été très affectés, la jeunesse des pays touchés a perdu des chances de succès et affronte un avenir inquiétant. Bref, les peurs ont gagné du terrain. Est-ce une raison pour se désespérer, abandonner tout espoir dans le génie humain, capable de déjouer les prophéties mortifères ?

Les arguments des pères intellectuels de l'écologie politique souffrent parfois de l'excès des révoltés. Après tout, Ellul et Charbonneau affirment : « Nous sommes des révolutionnaires malgré nous ! » Prenons-les au mot

1. Odile Jacob, 2021.

et observons avec attention leur démarche. Elle n'est pas sans fondements. Qui peut en effet prétendre que la technologie ne porte pas en elle une forme d'idéologie ? Qui peut prétendre par exemple que la technologie associée à la société des écrans n'a pas infléchi notre comportement et nos habitudes, autant que notre relation aux autres et notre rapport au monde ? À leur façon, Google et les réseaux sociaux ont réalisé la promesse d'une société personnaliste de l'École de Bordeaux. Chacun derrière son écran. L'outil digital isole plus qu'il ne rapproche, alors qu'il s'agit d'un outil de communication. Dans une rame de métro, les individus, le nez penché sur leurs écrans portatifs, traversent ensemble le cœur de Paris, de Lyon, de Marseille sans jamais ni se voir ni se rencontrer. Nous avons gagné au moins deux heures d'espérance de vie par jour en un demi-siècle et nous consacrons ces deux heures à consulter les écrans de la révolution digitale. Où est le progrès ? Heureusement, cette révolution digitale, que les écologistes savent parfaitement utiliser en saturant les réseaux sociaux, où ils harcèlent leurs adversaires, a permis un accès rapide aux sources du savoir et de la connaissance. Le progrès est après tout ce que nous en faisons. Or, le biais écologiste consiste à juger l'homme incapable de maîtriser la technique et, au fond, incapable de raison. Un peu comme s'il fallait choisir entre deux formes de confort, celui du corps ou celui de l'esprit. Edgar Morin écrit à ce sujet : « Partout où règne le bien-être matériel, la civilisation apporte le mal-être psychologique et moral, comme en témoigne l'usage des tranquillisants » (*La Tribune*, 2010). Dans un entretien toujours disponible sur YouTube (merci à la technique), Jacques Ellul, le penseur de l'Église réformée, inspirateur des principes de sobriété heureuse, fournit son explication : « Les hommes ont perdu le sens de la finalité pour se concentrer sur les moyens. Les moyens techniques sont devenus une fin en soi. Et ils sont totalement orientés vers l'idée d'efficacité. »

Les écologistes considèrent majoritairement que l'homme est coupable ou à défaut responsable. Les intellectuels qui inspirent leur démarche peuvent être dans certains cas plus précis. Ils font le procès de la technique et de la production (ce qui parfois revient au même) ; ils condamnent le capitalisme, le modèle des entreprises et le régime de propriété privée (absolue) ; les plus engagés dénoncent aussi les institutions publiques, au service d'une sorte de Léviathan économique, le modèle productiviste. Parmi ces intellectuels engagés, sources d'inspiration des mouvements écologistes européens, on trouve le prêtre philosophe allemand Ivan Illich, né à Vienne en 1926 et militant en faveur d'une société d'ascèse. Les étudiants des années 1970 et lycéens des classes de terminale littéraire, pendant cette décennie, ont étudié quelques-uns des textes d'Illich, dont le plus connu est celui d'une « société sans école ». La thèse en est la suivante : l'école fabrique de petits consommateurs, disciplinés, prêts à accepter les règles de la société productiviste. « L'école est l'agence de publicité qui nous fait croire que nous avons besoin de la société telle qu'elle est. L'éducation produit des consommateurs compétitifs, la médecine les maintient en vie dans l'environnement outillé qui leur est désormais indispensable et la bureaucratie reflète la nécessité que le corps social exerce son contrôle sur les individus appliqués à un travail insensé[1]. »

---

1. Ivan Illich, *Une société sans école*, 1971. Le titre anglais du livre est encore plus parlant : *De-schooling society*, c'est-à-dire,

Dans un entretien lui aussi disponible sur YouTube[1], Illich présente l'école comme le capitalisme du savoir, un lieu qui tente de spiritualiser le capitalisme. Pour Illich, les institutions comme la police ou l'armée sont au service de la préservation des privilèges d'une caste dominante, au même titre que l'école. Dans ce monde, il y a deux types d'esclaves : ceux qui sont intoxiqués et ceux qui veulent le devenir… Peu à peu, nous voyons apparaître le substrat idéologique des mouvements écologistes. Il s'agit d'une critique radicale de toute la société, et non seulement du modèle de production. Le productivisme n'est que l'aboutissement d'un modèle d'organisation sociale et politique qui induit les rapports sociaux et économiques autour des quatre étapes de la domination selon Illich : l'institution scolaire, la politique énergétique, le suroutillage des sociétés industrialisées et la surmédicalisation.

---

en mauvais français, « dés-écoliser la société ». Dans cet ouvrage, Ivan Illich évoque la jeunesse des enfants de New York. Il explique par exemple que tout l'environnement de la mégapole a été conçu et façonné par l'homme. La nature a totalement disparu. Les arbres qu'un enfant peut voir et toucher sont ceux que le service des parcs et jardins a décidé de planter. Flirtant avec une certaine démagogie, il relève que même les détritus sur les trottoirs d'Harlem sont en réalité des objets publicitaires pour conditionner les jeunes consommateurs. Et l'école ? « L'éducation elle-même se définit comme la consommation de diverses matières, faisant partie de programmes, objets de recherches, de planifications et de promotions de ventes. Tous les biens sont le produit de quelque institution spécialisée et ce serait sottise, par conséquent, que d'exiger quelque chose qu'une institution ne saurait produire. L'enfant de la ville n'a rien à attendre, rien à espérer, sinon ce que lui promet le développement possible des méthodes de fabrication. Pour satisfaire son imagination, on lui fournit au besoin quelques récits d'“anticipation”. »

1. Voir www.youtube.com/watch ?v=eEkLbGSYkG4.

La thèse de la naturalité

La nature n'est pas une figure neutre de la création. Elle est au centre de la vie. Calvin évoquait « la splendeur de la création », saint Augustin la responsabilité des gouvernants. Le courant écologiste d'inspiration chrétienne a joué un rôle décisif dans la prise de conscience environnementale et dans la construction de la doctrine verte. L'Église est historiquement hostile à « l'ignoble sphère des jouissances matérielles[1] ». Les milieux catholiques de la deuxième partie du xxe siècle accueillent l'industrialisation avec réticence. Déjà, des penseurs y compris libéraux comme Stendhal ou Constant mettent en garde au nom des libertés. La technique est cannibale, elle peut avaler ses propres enfants. L'opinion ne retient pas comme un progrès l'arrivée de la vapeur qui se substitue à la force humaine et allège les peines du labeur. L'industrie est souvent présentée comme monstrueuse et la technique comme aliénante.

À ses débuts dans la vie publique, Cécile Duflot, formée à la Jeunesse ouvrière chrétienne (JOC), répondant aux questions un peu naïves d'un journaliste de télévision, avait voulu rappeler que l'écologie ne consiste pas seulement à limiter sa consommation d'eau au moment du brossage des dents. L'écologie, c'est d'abord une relecture complète de la place des êtres humains sur cette terre. À cet égard, la théologie écologiste peut être considérée comme une réinterprétation des messages de Dieu et des recommandations historiques de l'Église. Sur le terrain social, par exemple, lutter contre la pauvreté en rappelant que la pauvreté du prêtre ou de l'homme de

1. François Jarrige, « Qu'est-ce que l'industrie ? », *L'Histoire*, hors-série.

foi est une pauvreté choisie, à l'inverse de celle, plus douloureuse, subie par les rapports de domination de classe. Le rapport possédant-dépendant est au cœur des messages du mouvement écologiste. Les Verts inspirés du christianisme ne sont pas toujours très clairs dans leur relation à la propriété. L'esprit autant que la lettre de la loi Duflot sur le logement considère ainsi la propriété comme un risque pour la société. Il faut l'encadrer et le limiter. La loi Alur (Loi pour l'accès au logement et un urbanisme rénové) de 2014 fait clairement du propriétaire le bourreau et du locataire sa victime. C'est une loi profondément de gauche, dit son auteure à l'issue du vote à l'Assemblée nationale. Elle marque le retour de l'État régulateur et sanctionnateur. Les propriétaires sont contrôlés et les augmentations de loyer indexées sur des variables complexes obtenues par croisement de moyennes. La propriété n'est pas considérée comme un vol, selon la formule prêtée à Proudhon, mais la sentence de Balzac n'est jamais très loin : « derrière chaque fortune se cache un crime… » Cécile Duflot, produit de sa culture chrétienne ? Comme beaucoup d'autres élevés dans ce moule, elle considère que l'homme n'est que le dépositaire des biens de ce monde. La propriété est une anomalie, le monde est constitué de biens communs et le devoir d'humanité est de fournir un toit à chacun, quelle que soit sa capacité contributive.

Le marché, la production, les profits, la propriété, toutes ces notions sont hors-champ pour beaucoup d'écologistes, qui leur préfèrent les idées de naturalité, de partage, de propriété collective. Les Verts issus de la famille chrétienne sont arrivés à l'écologie avec la pensée d'Ivan Illich en bandoulière ; Illich pour qui l'éducation, l'école, sont des tentatives d'exaltation et d'enchantement de la propriété et des biens matériels.

Ces chrétiens sont plus proches du magazine *Golias*, dont le fondateur Christian Terras déclarait « fondamentalement, nous sommes plutôt des anarchistes chrétiens, des insoumis », que de la hiérarchie catholique[1]. Dans de telles conditions, l'anticapitalisme est un devoir chrétien. La propriété et le droit d'en disposer un obstacle à la fraternité humaine, le ferment de la division entre ceux qui possèdent et les autres ! Dans le rapport de l'homme à la nature, l'écologie y compris née du mouvement chrétien conteste, voire combat, la formulation du premier livre de la Genèse, dans lequel Dieu s'adresse aux hommes en leur disant : « Reproduisez-vous, devenez nombreux, remplissez la terre et soumettez-la. Dominez sur les poissons de la mer, sur les oiseaux du ciel, sur tout animal qui se déplace sur terre. » L'intellectuel chrétien Jean Bastaire, reprenant les formules de l'Américain Lynn White Jr en 1967 dans le magazine *Science*, met en accusation l'espèce humaine mais surtout « la mentalité judéo-chrétienne coupable d'avoir forgé l'image d'un homme tyran de la création par décret du créateur ». Dans la Genèse, Dieu crée les éléments de la nature, il les crée bons ; l'homme, lui, est créé à son image, il ne consomme pas de viande car le sang véhicule l'esprit. Jean Bastaire écrit : « Il reste interdit de consommer le sang, c'est-à-dire d'anéantir symboliquement la vie. D'où, l'origine de la viande casher pour les juifs. » Pour Abnousse Shalmani, écrivaine et historienne, « l'écologie est une

---

1. Christian Terras partage la formule du cathare Guilhem Bélibaste, brûlé vif par ordre de l'Inquisition en 1321 : « Notre route n'est pas celle des puissants, des rois et des évêques, aucun d'entre eux ne connaîtra la saveur partagée d'un oignon au bord du chemin » (article 11, décembre 2008).

religion sans transcendance », elle procède d'un « amour désordonné pour la nature[1] ». Sauver la Terre ou sauver les hommes ? La formulation de la problématique écologiste conduit à un choix entre ces deux options. Elles ne sont pas compatibles. L'homme, quand il est pro-5G, pronucléaire, consommateur, omnivore et carnivore, est un ennemi de l'environnement et un nuisible. Cette écologie est à l'inverse du courant chrétien qui propose la joie en partage aux hommes : joie de la vie, joie du progrès et des innovations, joie de la natalité.

Les écologistes français ont été formés à l'école du christianisme et du gauchisme. Les deux courants sont très représentés chez EELV, en particulier chez les dirigeants du mouvement. Ces deux mondes ont fait jonction, pour les uns sur la frugalité, pour les autres sur l'absolutisme. « Chrétiens et trotskistes sont obsédés par l'idée de pureté idéologique », ajoute Abnousse Shalmani. L'Armageddon climatique pour les uns, l'Armageddon économique pour les autres. Ces visions d'apocalypse méconnaissent l'histoire des hommes et relèvent d'une grande naïveté. Dans les contes pour enfants, ou dans une partie de la littérature, la nature est fortement personnalisée. On pourrait presque dire « débiologisée ». Elle a ses logiques, sa fonction, son identité, mais tout indique à un esprit rationnel qu'elle n'est pas une bonne mère, protectrice de ses enfants. Au contraire, elle les consomme quand elle n'organise pas « naturellement » la compétition entre eux. Une compétition de la vie où la mort gagne toujours à la fin… à l'inverse d'un conte pour enfants. Nous avons tous tendance à idolâtrer la nature, à la représenter comme un paradis. Si elle l'est devenue, rappelle la

1. Entretien avec l'auteur, jeudi 3 mai 2021.

géographe Sylvie Brunel, « c'est parce que les hommes l'ont aménagée à force de labeur ». La nature consomme des vies, elle est impitoyable. Des études ont montré que l'homme perçoit parfaitement toutes les nuances de la couleur verte. Mieux que pour toute autre couleur. L'explication est la suivante. Pour les premiers hommes et pour longtemps dans l'histoire humaine, le danger est venu de la nature. L'homme a appris à distinguer mille nuances de vert car c'est de là que venait la menace. Cette caractéristique est restée gravée dans le tréfonds du cerveau humain, dans sa mémoire, toujours habitée par l'instinct de survie. Si Dieu a bien créé la nature, il ne l'a pas faite douce pour ses habitants.

5

Développement durable : pléonasme ou oxymore ?

Depuis les années 1970, deux écoles s'affrontent. Celle du club de Rome qui, en 1972, décrète les limites de la croissance (*the limits to growth*) et estime, pour faire simple, que dans un monde fini, la croissance ne peut pas être infinie. C'est la base des théories de la décroissance. La synthèse adressée au Club de Rome est connue sous le nom de « rapport Meadows », du nom de ses deux rédacteurs principaux, la biophysicienne Donella et son mari Dennis, économiste. « De mon point de vue, déclare Donella Meadows, il n'y a rien de plus bêtement évident que l'idée selon laquelle la terre est finie et que la croissance ne peut pas durer éternellement[1]. » Le rapport est un immense succès populaire : 9 millions d'exemplaires vendus et traduit en vingt-huit langues. En revanche, il est fraîchement accueilli par les responsables politiques. La droite lui reproche de faire l'impasse sur le progrès et la gauche considère, pour partie, qu'il a pour but de faire avaler

1. Cité par *Alternatives économiques*, n° 414, « Les prophètes de l'écologie », juillet 2021.

une dose d'austérité aux travailleurs. De l'autre côté, le rapport Brundtland de 1987 estime qu'une économie (de croissance) non prédatrice est possible. C'est l'acte de naissance de l'expression « développement durable ».

Ces deux écoles incarnent assez fidèlement les deux voies écologistes. Pour les plus radicaux, la seule solution est la décroissance. Il faut arrêter la machine sans tarder, quitte à imposer la décélération à toute la société, au risque d'une vaste crise sociale. Les projections sur la création de centaines de milliers de nouveaux emplois dans les énergies renouvelables nous rappellent que la production d'énergie est toujours associée à une société de production, que seule la croissance peut nourrir. La décroissance est en ce sens une impasse. À décharge, il faut préciser que les écologistes ne conçoivent pas tous la décroissance de la même façon. Les économistes favorables à une réduction, voire à un recul de la croissance ont cependant en commun de dénoncer le principe de découplage de la croissance selon lequel, au-delà d'un certain seuil, ses externalités négatives disparaîtraient grâce aux innovations et au progrès technique. À l'échelon de la production, chaque unité serait moins coûteuse à produire. Toutefois, dans une société de marché, disent ces économistes, la tentation serait d'augmenter les quantités, puisque chaque unité produite aurait un impact naturel décroissant. Pour cette école, la seule solution possible est de réduire les quantités produites pour réduire la consommation. C'est la thèse du rationnement. La décroissance conduirait ainsi à un niveau de croissance stationnaire, susceptible de maintenir intact l'environnement des êtres vivants, toutes catégories confondues, humains, animaux, végétaux.

L'anthropologue Anna Tsing, formée à Yale et Stanford, que nous avons déjà citée, appelle à une sorte d'alliance entre les éléments du vivant, à la recherche d'alliés au-delà de l'espèce humaine pour mettre en échec la destruction de la biodiversité. Elle se fait assez peu d'illusion sur la capacité des techniques à inverser la tendance destructrice. Elle estime close la période du progrès, à laquelle succèdera selon elle « une période de désordres essentiels ». La problématique du développement durable est à double entrée. Il faut une bonne fois pour toutes régler toutes les questions posées par la juxtaposition des deux mots ! Le développement peut-il être durable ? Le développement consomme des richesses, et tout prélèvement sur le capital naturel de notre humanité laisse une empreinte plus ou moins durable, indexée sur la capacité de renouvellement des ressources. Toutes les ressources ne se renouvellent pas de la même façon et au même rythme. De surcroît, observe le philosophe Luc Ferry dans *Les Sept Écologies*[1], « nos démocraties sont plombées par le "court-termisme", alors qu'il faut penser *long terme* pour aborder sérieusement les questions d'écologie ». Le débat le plus âpre porte sur la production d'énergie. Et, dans ce domaine, tous les écologistes ne se ressemblent pas. Certes, tous doivent faire le procès du nucléaire, au moins pour la forme, comme les bolchéviques devaient régulièrement condamner les visées contre-révolutionnaires de la bourgeoisie réactionnaire ! Mais au-delà des sermons d'église et du catéchisme vert, au moins deux, si ce n'est trois écoles sont à distinguer.

La première est allemande. Les Grünen n'ont aucune prévention à propos des énergies renouvelables,

1. L'Observatoire, 2021.

puisqu'ils ont des intérêts investis dans ce secteur. En France, des écologistes comme Jean-Marc Jancovici dénoncent à juste titre les très polluantes éoliennes truffées de terres rares et dont le rendement énergétique est minable (25 % de la puissance théorique arrive en bout de ligne). On pourrait ajouter que ces champs d'éoliennes sont des cicatrices sur la terre de France et que leur installation implique de couler des millions de mètres cubes de béton armé ! Luc Ferry ajoute les précisions suivantes : « Il y a dix à cent fois plus de métal dans l'éolien et le photovoltaïque que dans le nucléaire par kilowattheure produit. » Louis Gallois, ancien président de la SNCF, ancien président d'EADS et ancien président du directoire de PSA, désormais président du conseil d'orientation de PNC (Patrimoine, Nucléaire, Climat), une association créée pour défendre la valeur décarbonée de l'énergie nucléaire, renchérit : « Le nucléaire, énergie verte, émet moins de CO_2 que le solaire[1] ! » M. Gallois présente les enjeux géoéconomiques de la future réglementation européenne dans le domaine des énergies. « La Commission européenne travaille à classer les énergies entre vertes et non vertes. C'est ce qu'on appelle la taxonomie[2]. Les Allemands ne veulent pas que le nucléaire soit considéré comme une énergie verte. Par contre, ils aimeraient bien que le gaz le soit, au moins à titre de transition. On aurait donc ce paradoxe

1. Émission « Perri Scope » sur LCI (La Chaîne Info), le vendredi 4 juin 2021.

2. La taxonomie permet de définir la partie qui est réellement verte de l'économie. Elle imposera aux grandes entreprises de déclarer quelle est la portion de leur activité qui est compatible avec la taxonomie.

qu'une énergie qui n'émet aucun CO_2 se trouve en concurrence avec une énergie qui produit beaucoup de CO_2, le gaz ! C'est une situation aberrante. » Au mois de septembre 2021, la Commission européenne a confirmé l'éligibilité du gaz aux « Green Bonds » et, à ce stade, l'exclusion du nucléaire, couronnant ainsi la position allemande. L'Allemagne, elle, entend encaisser les dividendes de ses accords sur le gaz et Gazprom avec la Russie, via le pipeline Nord Stream 2, qui partira de Vyborg en Russie pour traverser la mer Baltique et aboutir dans le nord de l'Allemagne, à Greifswald. Intérêts économiques et politiques en même temps, le nouveau chancelier allemand devra composer avec les Grünen, dont l'hostilité inexplicable au nucléaire est constante. L'Allemagne fait ici la politique de sa géographie et de ses choix stratégiques. Elle a tout misé sur les emplois créés par le renouvelable, quitte à en assumer les insuffisances.

La France, elle, a inscrit dans ses choix politiques l'interruption progressive de ses tranches nucléaires d'ici à 2035. Bernard Accoyer, l'ancien président de l'Assemblée nationale, estime que le gouvernement du pays s'oriente vers « une sortie en douce du nucléaire ». En écoutant Barbara Pompili, ministre de l'Environnement du gouvernement Castex, on se demande si Bernard Accoyer ne voit pas juste. Interrogée sur BFM, elle déclare que la France « court un risque de black-out électrique parce que nous sommes dépendants d'une seule source d'énergie, le nucléaire » ! On se pince pour y croire, tant ce point de vue est techniquement absurde. Les risques de coupure sont associés aux énergies intermittentes, mais en aucun cas à une source d'énergie pilotable. Pour des Verts français comme Jancovici, chef de file du Shift Project, il faut s'adosser au nucléaire avant de parvenir à stabiliser la production d'énergies renouvelables dans des conditions honorables, et en attendant de savoir stocker efficacement l'électricité. La priorité immédiate, c'est la décrue des émissions de CO_2. Le Shift Project propose des pistes de sortie de crise, fondées sur la décarbonation de la production d'énergie et de la production de biens. Toutefois, dans cette course à une croissance propre, le bon kilowattheure est celui qui n'est pas consommé. La rénovation thermique des bâtiments, et notamment des bâtiments publics, engagée par le gouvernement Castex, sous la présidence Macron, est une piste qui doit être poursuivie et amplifiée.

J'ai gardé un très bon souvenir d'un long échange avec l'économiste décroissant Serge Latouche lors d'un voyage à Strasbourg pour une émission à laquelle nous participions ensemble pour la chaîne Arte. Serge Latouche m'avait expliqué que, dans son esprit, la décroissance consistait à en revenir au standard de vie des années 1960, c'est-à-dire à une société d'un confort suffisant pour garantir le bien-être et la santé des êtres humains. Peu de voitures, peu de déplacements, moins d'objets, moins de communication, mais avant tout la satisfaction des besoins des individus dans le domaine de l'alimentation, de la santé et de l'éducation. Cette hypothèse peut être considérée comme un modèle de décroissance intermédiaire. Mais la pensée de Serge Latouche ne se limite pas à cette présentation un peu marketing de la décroissance. Il faut bien comprendre que le modèle décroissant proposé par Latouche et ses amis est totalement incompatible avec le principe d'un État-nation, c'est-à-dire celui d'un grand territoire fonctionnant de manière démocratique. Les écologistes décroissants plaident pour des biorégions autogérées et dont la démographie serait indexée sur la capacité productive de l'espace naturel. Tant d'espace ouvrirait droit à tant de population. En poursuivant le raisonnement, on se dit que dans ces régions, la politique des naissances serait rationnée par un comité local ou par une petite assemblée de citoyens clairvoyants. Cette pensée est poursuivie et complétée par d'autres voix écologistes plus radicales, qui suggèrent un modèle de décroissance nette, immédiate, fondée sur le rationnement drastique de la production et de la consommation. Cette version de la décroissance comporterait un prix social lourd. Comment continuer dans ces conditions à financer le modèle social français ? 340 milliards versés chaque année au titre des retraites, 200 milliards de dépenses de santé, la politique familiale, auxquels il faut ajouter les dizaines de milliards de la politique d'assistance sociale massive[1]...

Ce mouvement vers une société « moins prédatrice » ne pourrait être que volontaire. Il supposerait l'adhésion des populations à la réduction massive du temps de travail et des revenus, à la réduction de la consommation, à l'acceptation d'un mode de vie sobre et sans excès ; à moins bien sûr de suspendre *ne varietur* les règles de la démocratie, dans le cadre d'une « tyrannie bienveillante » selon la formule de l'incontournable Hans Jonas.

Le monde de la décroissance est exigeant et imposerait des révisions déchirantes. Il n'est techniquement pas impossible, mais il serait socialement et éthiquement cauchemardesque. La décroissance est un projet politique qui doit être intégralement expliqué. C'est un

1. La France consacre 31 % de son PIB aux dépenses sociales.

projet respectable, comme tous les objets intellectuels, mais les écologistes d'EELV n'ont pas l'honnêteté de le décrire dans ses conséquences économiques et sociales. Ils se contentent de faire peur en brandissant l'étendard de l'effondrement auquel nous serions collectivement confrontés.

Une économie (de croissance) non prédatrice est possible

Sur l'autre rive de l'écologie politique et économique, les enfants naturels du rapport Brundtland, écologistes « optimistes », estiment qu'il faut changer la nature de la croissance pour l'orienter vers des modèles de production doux et décarbonés. Là encore, le débat entre les deux écoles présente un caractère théologique. Les « thomistes » pensent que l'homme, « capable de Dieu », est aussi capable de raison, et qu'il infléchira sa marche vers le progrès pour le rendre conciliable avec la préservation, voire l'enrichissement du milieu naturel, dont il n'est que dépositaire, à l'inverse de la vision luthérienne de l'homme, désespérée, sans espoir de rachat. Ces écologistes progressistes ne sont pas les plus nombreux en France, dans les rangs d'Europe Écologie Les Verts. Ils ont toujours échoué à prendre en main le parti ou à le représenter à l'élection présidentielle. C'est pourtant ce versant qui serait le plus proche des pionniers de la pensée écologiste. Ellul plaçait sa confiance dans l'homme ; avec son compère Charbonneau, il appelait l'avant-garde consciente à évangéliser la société. L'homme avant l'État. EELV peut encore évoluer et changer de stratégie mais, à ce jour, les tenants d'une ligne dure ont pris le pouvoir dans le parti. Ne nous trompons pas, cependant. Ils n'ont pas pris les manettes par la force. La gouvernance du parti leur a été confiée par les militants, dans le cadre de modes de désignation incontestables. EELV, qui n'incarne pas seul l'écologie, est aujourd'hui un mouvement considérant la croissance comme satanique, avilissante pour les êtres humains. Si l'on convoquait saint Augustin, on pourrait affirmer que la croissance est une manifestation démoniaque du mal sur l'homme et sur la nature. C'est cette branche d'EELV qui justifie les défis à l'autorité, les actions coup de poing, l'intrusion des Faucheurs volontaires dans les centres de recherche. La minorité éclairée doit guider les brebis égarées. Les hommes confrontés à la société technicienne ont un devoir d'insoumission, pensent-ils. Le thème du progrès divertit l'attention. C'est en réalité un cheval de Troie du capitalisme industriel prédateur.

La pression écologiste sur la société comporte comme toutes les énergies qui s'expriment des externalités négatives dont la peur fait partie. Benoit Hartmann, ancien dirigeant de l'ONG France Nature Environnement, estime à cet égard que « la peur ne peut convaincre que les convaincus ». Elle est globalement inefficace, en termes opérationnels. Elle colore le fond de l'air sans apporter de solutions. L'argument des inégalités engendrées par notre mode de croissance paraît en revanche plus porteur et plus pertinent. La croissance des vingt dernières années n'a pas amélioré la distribution des revenus entre les très riches et les très modestes. Les écarts sont de plus en plus grands entre un club très fermé de très riches et le reste de la population. Laissons de côté les rapports annuels d'Oxfam dirigé par l'écologiste Cécile Duflot. Ni leurs résultats ni leur méthodologie ne sont conformes aux standards de la recherche académique. En France, les inégalités primaires sont très largement compensées par la redistribution. Le rapport de 1 à 22 retombe autour d'un rapport de 1 à 12 une fois les revenus sociaux distribués. La France est sans doute le plus social et le plus égalitaire des grands pays de l'OCDE, grâce à son système fiscal, à son modèle de retraite et à son assurance chômage. De surcroît, la structure du marché français, dominé par les petites et moyennes entreprises, exclut les écarts considérables de revenus entre employeurs et employés. Un dirigeant de TPE de moins de dix salariés se rémunère modestement, tout comme un dirigeant de PME qui dans la plupart des cas a pris le risque d'engager son capital et de nantir ses biens personnels au service de son projet entrepreneurial. La France est aussi le plus vertueux des pays développés, en matière d'empreinte carbone. Il serait donc malvenu d'appliquer un traitement de choc au bon élève de la classe.

Les écologistes méconnaissent une loi d'airain de l'économie. L'accumulation de capital est une des conditions de la recherche et de l'innovation. Quoi qu'on en dise, les grandes entreprises industrielles investissent massivement dans la décarbonation de leur modèle. En 2007, le Grenelle de l'environnement avait réuni les parties prenantes du changement et fixé des objectifs de réduction des émissions de CO_2 et de défense de la biodiversité, en même temps qu'il promettait de s'attaquer à la maîtrise de consommation de l'énergie. Presque quinze ans après, le chantier est inachevé, sans doute insuffisant, mais il serait malhonnête de prétendre qu'il n'a pas avancé. Toutes les grandes réformes requièrent un temps de préparation et d'exécution. Nous avons montré comment les entreprises s'adaptent aux demandes de la société, dans l'automobile, l'aéronautique, les produits de grande consommation. Observons ce qui a déjà été fait, à l'initiative des citoyens, des consommateurs et des entreprises, mesurons à long terme l'impact des politiques publiques. L'idéologie empoisonne ce débat. Or, le temps des changements de production n'est pas le temps politique, impatient et exigeant. L'industrie change, l'agriculture engage sa transition digitale et réduit son impact sur l'environnement, avec une double contrainte ; assurer la quantité, la qualité et le prix des productions alimentaires et sauvegarder le revenu des producteurs.

Les profits ont une vertu. Ils alimentent la machine à innover et à changer les modèles de production. L'épisode des vaccins a montré que, sans capital, on ne finance nul progrès médical. Le succès de BioNTech et de Moderna s'est bâti sur la prise de risque et sur un investissement massif, associant des capitaux privés et de l'argent public. Sans croissance, nous n'y serions jamais parvenus et, au contraire, l'humanité se serait privée du bouclier vaccinal qui l'aide à se protéger du virus. Dans un rapport publié fin avril 2021, Oxfam, encore elle, association militante de gauche, proche des écologistes, ne retient qu'une information de l'année de pandémie. Les vaccins ont permis l'émergence de neuf nouveaux milliardaires, dont le français Stéphane Bancel, un ancien de bioMérieux, dirigeant de Moderna depuis 2011. Oxfam aurait pu s'interroger sur le départ de M. Bancel vers les États-Unis, Oxfam aurait pu faire le compte des vies sauvées, accessoirement des milliards perdus en investissement, des risques pris, de la recherche ARN, qui permettra de soigner les cancers à bref délai… Non, Oxfam ne retient qu'une chose, que les profits (virtuels à ce stade) des dirigeants des laboratoires auraient été plus utiles à vacciner des centaines de millions d'individus, en particulier ceux des pays pauvres. Raisonnement absurde, qui fait l'impasse sur les risques de la recherche et sur le travail des chercheurs. Que se serait-il passé, si les laboratoires avaient mis au point non pas *un*, mais *des* vaccins ? Car Oxfam semble de surcroît dénoncer des situations de « monopole ». Pourtant, on ne dénombre pas un vaccin mais une petite vingtaine. Et la liste n'est pas close. La haine du marché, de la concurrence, de l'initiative et du succès ont perverti le raisonnement des ONG écologistes. Alors même que les vaccins ont à l'évidence épargné de nombreuses vies ! Qu'aurait dit Oxfam, si les laboratoires privés avaient été bredouilles ?

La société du risque (Ulrich Beck)

Les sources d'inspiration idéologique des Verts européens puisent leurs racines dans la peur. Peur des risques, peur du progrès, peur de l'homme, aussi. On ne s'étonnera pas que cette philosophie ait d'abord prospéré en Allemagne. Entre 1945 et 1965, l'Allemagne veut refouler son passé en misant sur l'amnésie. Les premiers travaux universitaires sérieux sur la période de la guerre et sur les horreurs nazies sont publiés dans les années 1960. Entre quinze et vingt ans de silence sur ce qui reste *le* crime collectif par excellence ! Un crime dans lequel la thèse de la responsabilité populaire, directe ou indirecte, ne peut pas être évacuée d'un revers de main. Pour reprendre l'expression de la journaliste et historienne Gitta Sereny, en Allemagne, entre 1945 et 1965, la dénazification a été une blague ! Les Allemands ont jeté un voile sur plus de dix ans de leur histoire collective. Le passé allemand est un marqueur profond des idées qui sortiront de l'Allemagne de la reconstruction. Le passé est non dit, ce qui ne l'empêche pas d'être dans toutes les têtes. Il produit du doute. Tout ce en quoi l'Allemagne avait cru s'est effondré. Et d'abord la raison. L'Allemagne est un pays de culture, le pays du philosophe Emmanuel Kant. Mais ni la culture ni la raison n'ont empêché l'émergence de la barbarie. Les Allemands ont appris à se méfier de tout. Et peut-être d'abord de l'homme lui-même. Le IIIe Reich ayant placé la science au service du crime, le scientifique et la présumée vérité scientifique ne sont plus considérés comme innocents. Il faut les contrôler. La peur de la science est, dans ces conditions, un devoir de l'humanité. À peine sortie de ses propres crimes, l'Allemagne de la reconstruction est directement confrontée au danger. Elle est divisée et située au carrefour de la guerre froide et de la menace nucléaire, selon la formule du début des années 1980, « entre Pershing et SS20 », au beau milieu de l'affrontement Est-Ouest.

Tout au long des années qui suivent la reconstruction, l'Allemagne est au centre de rapports de force géopolitiques. C'est sur son territoire que s'expriment les rivalités entre le monde libre et le glacis soviétique. L'exposition au danger s'appelle le risque et c'est cette idée qui va obséder toute une génération d'intellectuels et de chercheurs. Les premiers Verts allemands vont s'insérer dans les luttes pacifistes, dont ils seront pour partie les animateurs. En France, l'opinion découvre cette formule choc de François Mitterrand prononcée à la tribune du Bundestag à Berlin, le 20 janvier 1983, « les missiles sont à l'Est, les pacifistes sont à l'Ouest » ! C'est dans ce contexte que les mouvements antinucléaires allemands vont se regrouper pour s'organiser progressivement. Leurs premiers débats ressemblent à ceux des écologistes français trente ans plus tard à propos de la question de l'exercice du pouvoir. Beaucoup plus tôt que les Français, les Verts allemands vont se porter candidats aux élections régionales dans les Länder, d'abord dans le Nord de l'Allemagne, à Hambourg, puis un peu partout dans le pays. Les premières coalitions allemandes regroupent des antinucléaires, des pacifistes et des marxistes purs et durs.

Franck Laval, proche de Nicolas Hulot, a suivi et accompagné l'évolution du mouvement écologiste en France. Il se présente comme un écologiste conservateur et estime avoir contribué à convaincre la droite qu'elle ne pouvait pas mépriser l'écologie et la défense de l'environnement. Il a été un des premiers en France à parler d'écologie, avec Brice Lalonde et quelques autres, dont Yves Cochet. « Les Verts allemands sont restés adossés à une culture libérale et libertaire. Ils ont eu leurs propres *Fundis* (fondamentalistes), mais à la différence des Français, ils ont mené des campagnes de recrutement très actives. Ils sont passés du statut de groupuscule à celui de parti, avec des dizaines de milliers de militants. Les radicaux ont été noyés dans la masse et leur influence a décru. En France, aujourd'hui encore, EELV est un très petit parti de quelques milliers de militants. Pour y rentrer, il faut montrer patte blanche[1]. » Les Écologistes fonctionnent comme une secte un peu spéciale, dont la porte d'entrée est verrouillée. « Quand Daniel Cohn-Bendit a voulu ouvrir les portes du mouvement pour élargir sa base militante, les caciques du parti s'y sont opposés,

1. Entretien avec l'auteur, juin 2021.

dit encore Franck Laval. Il fallait rester entre soi pour conserver intact le corpus idéologique, éviter les réalistes qui allaient poser des questions et exiger un infléchissement de la doctrine fondamentaliste. »

Les Allemands, eux, n'ont pas eu peur de la croissance. Comme tous les mouvements d'extrême gauche, les Verts allemands des débuts éprouvent une certaine fascination pour les régimes communistes d'Europe de l'Est. Les travaux des intellectuels allemands expriment des doutes à l'égard du marché, du progrès et du développement. Le principe de précaution est appliqué dès les années 1970 au domaine de l'environnement. Toujours se méfier de soi. Les Allemands, d'abord silencieux sur leur passé, cachent la peur qu'ils ont d'eux-mêmes, dans le doute. En Allemagne, la découverte et le rejet du passé nazi dans les années 1970-1980 suscitent une extrême gauche plus radicale qu'ailleurs. Joschka Fischer, écologiste, élu député des Grünen en 1982, qui sera ministre des Affaires étrangères, fait partie de ces Allemands qui infiltrent les usines d'Allemagne de l'Ouest et fondent en 1969 un petit parti connu en français sous le nom de Combat révolutionnaire. Il quittera la mouvance de l'extrême gauche en 1977 après les crimes de sang commis par la Fraction armée rouge.

Dans l'Allemagne de l'après-guerre, la croissance (sous toutes ses formes), qui est une chance pour un pays détruit, est aussi pensée en termes de risques. Avant Hitler et le nazisme, la philosophie allemande s'inspirait de la raison, même si elle la critiquait. La raison n'a pas suffi à résister à la poussée de la dictature. La dictature et la violence sont l'exact contraire de la raison kantienne, fondée sur la rectitude du raisonnement et sur l'éthique de comportement. Les Allemands se sont-ils méfiés d'eux-mêmes et de leurs certitudes intellectuelles ? Toujours est-il qu'un vaste mouvement se développe en Allemagne fédérale, dans le sillage de la reconstruction, selon lequel l'augmentation de la production de biens ou de services se traduit de façon symétrique par une augmentation des risques (Ulrich Beck). Le risque, d'abord marginal, devient moyen puis, selon les écologistes, dominant dès lors que la production augmente.

Les Allemands ont été les premiers à penser une écologie de la méfiance à l'égard de la société de marché, mais leurs représentants élus, les Grünen, sont aujourd'hui les plus affranchis des écologistes européens et les plus aptes à passer des accords de gouvernance avec les autres partis, tandis que nos Verts se distinguent par leur intransigeance politique. Comment l'expliquer ? Les Verts allemands ont le bénéfice de l'antériorité. Depuis leur apparition sur la scène politique, ils ont gagné en maturité. Le temps les a « patinés ». Ils ont acquis le sens de l'exécution, l'art véritable de la politique. Nos Verts français ont été durablement marqués par les combats d'une gauche négationniste du marché et du progrès. Ces écologistes se sont-ils ensuite sentis instrumentalisés ? Leurs expériences malheureuses de gouvernance dans la gauche plurielle ont-elles épuisé leur sens du compromis ? En Allemagne de l'Ouest, la proximité de la République démocratique allemande, communiste, suscitera une prise de conscience des risques du totalitarisme qu'on ne retrouvera jamais en France. Les Verts français veulent tout, tout de suite, c'est aussi ce qui marquera pour longtemps les limites de leur véritable influence.

Apprendre de sa peur

Retrouvons le philosophe allemand Hans Jonas, père d'une philosophie de la responsabilité qui impose à l'homme de mesurer l'impact de ses actes sur la soutenabilité de l'humanité. On ne comprend pas la logique écologiste sans le consulter régulièrement. Emmanuel Kant n'est jamais loin : « Agis comme si la maxime de ton action devait être érigée par ta volonté en loi universelle de la nature[1]. » Hans Jonas nous dit que les hommes sont invités à développer une connaissance des catastrophes qu'ils mettent en œuvre par leurs actions. Traduisons : nul ne pourra entreprendre d'action qui mette en danger l'existence des générations futures ou l'intégrité de l'environnement. C'est, selon la formule de Jean-Pierre Chevènement interrogé par mes soins début 2021, l'heuristique de la peur qui caractérise cette pensée. Les idiots sont ceux qui sont incapables d'avoir peur ! Alors que les périls du monde sont évidents dans l'esprit des Verts, alors que le danger nous guette, une majorité d'entre nous est incapable d'avoir peur. Nous n'avons pas tous peur de ce qui devrait faire peur, et c'est ce qui fait la différence entre un Vert et un autre. Dans de telles conditions, le recours à la contrainte devient légitime. L'éthique de la responsabilité, c'est, comme le dit Hans Jonas, la voix de la conscience. Nous sommes sortis du monde rationnel pour entrer dans un monde « éprouvé », « ressenti », dans lequel le sens de la foi, ou si l'on préfère l'intime conviction, l'emporte sur tout le reste et en particulier sur la science.

Dans *Les Sept Écologies*, Luc Ferry reprend la formule du « catastrophisme éclairé » de Jean-Pierre Dupuy :

1. *Fondements de la métaphysique des mœurs*, 1785.

« Il s'agit d'utiliser l'hypothèse de la catastrophe à venir (l'effondrement du monde), non comme une excuse pour ne rien faire, mais au contraire comme un aiguillon pour agir. » Ce point est essentiel, dans la mesure où il distingue selon Luc Ferry la famille écologiste des effondristes, ceux qui attendent la fin du monde humain et travaillent à la suite, dont on ne sait rien à ce stade, de la famille des alarmistes révolutionnaires, pour qui la catastrophe peut encore être évitée. Des voix comme celle de Jean-Marc Jancovici annoncent clairement la couleur et proposent un mode de décroissance qui n'épargnerait personne, et surtout pas les pauvres, plus exposés à un recul de la production, de la consommation et des revenus. Le monde proposé par ces écologistes partisans de l'action écologiste dure, voire d'une suspension des règles démocratiques trop indexées sur le court terme n'est fait ni de sucre ni de miel. Mais, estiment-ils, c'est le prix à payer pour maintenir notre environnement naturel humainement habitable. Les individus peinent à considérer leur propre mort, ils en refusent l'hypothèse pourtant incontestable. Dans le même esprit, ils ont le sentiment que notre Terre est éternelle et, dès lors, qu'ils ont sur elle un droit de tirage sans limites. Les écologistes, ceux qui ont peur pour la Terre, sont là pour la protéger, pour mettre en garde, et certains d'entre eux n'hésitent pas à recourir à la violence pour le faire. Jean Greisch, l'ancien doyen de la Catho (ICP, Institut catholique de Paris), écrit à propos de la responsabilité humaine : « Elle est d'abord la responsabilité des hommes pour d'autres hommes, qui a sa source dans la découverte du "caractère précaire, vulnérable, révocable – le mode tout à fait particulier du *périssable* – propre à tout *vivant* […]". Ces formules ne désignent pas seulement la tâche fondamentale d'une éthique de la sollicitude ; chez Jonas, ces déterminations du devoir ont en même temps une portée ontologique, dans la mesure où elles seules fondent l'être-ensemble des humains. [...] "Tout être vivant est sa propre fin, qui n'a pas besoin d'une justification supplémentaire et, de ce point de vue, l'homme n'a aucun avantage sur d'autres vivants – si ce n'est que *lui* seul *peut* également avoir une responsabilité pour eux aussi, autrement dit celle de préserver leur fin propre"[1]. »

La responsabilité humaine a souvent été évoquée dans une relation naturelle « passé-présent ». C'est l'esprit et la lettre de la justice des hommes. Vous avez commis tel acte et à ce titre vous en êtes responsable. L'individu est jugé sur des faits passés. Le droit ne frappe pas un individu pour un crime ou un délit qu'il n'a pas encore commis. Hans Jonas nous entraîne pourtant sur cette voie. La peur peut-elle avoir cette utilité ? Est-elle faiblesse ou lucidité, en temps de crise ? L'humanité pourrait tirer une connaissance certes incomplète mais utile de l'anticipation des désastres qui s'annoncent, ainsi qu'une capacité à prévenir le pire. C'est cela qu'Hans Jonas appelle l'heuristique de la peur, l'art de découvrir des solutions à des problèmes appréhendés, et de parvenir ainsi à des conclusions vraisemblables, sinon absolument certaines et optimales.

La peur détiendrait donc une valeur pratique de lucidité et serait un guide pour l'action. Elle serait, tout à

1. Jean Greisch, « "L'heuristique de la peur", ou Qui a peur de Hans Jonas ? », in Anne-Marie Dillens (dir.), *La Peur : émotion, passion, raison*, Bruxelles, Presses de l'université Saint-Louis, 2006. Les deux citations sont de Hans Jonas, *Le Principe responsabilité*, Cerf, 1991, p. 140 et 184.

la fois, le produit d'une intuition et celui d'un raisonnement. La peur peut en effet être utile si elle conduit à l'action. Elle est en revanche inutile, voire contre-productive quand elle aboutit à l'inaction. Revenons au principe de précaution, le bras armé de la peur, inscrit dans notre Constitution. Il avait initialement été imaginé pour agir. Dans la pratique des choses, ce qui compte avant tout dans l'heuristique de la peur, il est devenu un principe d'empêchement, un principe castrateur de la recherche. Le 28 janvier 2021, un collectif de scientifiques prend la plume pour dénoncer le mauvais procès fait aux produits dits néonicotinoïdes, destinés à protéger la récolte des betteraves, menacée par un puceron ravageur. Le principe de précaution dans ses contradictions ! Voilà ce qu'écrivent ces chercheurs, dont des membres éminents du CNRS, de l'Inrae, et un professeur de biologie des plantes de l'université de Marseille : « Le virus causant le Covid-19 est apparu en décembre 2019, provoquant une pandémie mondiale. Un an après, une campagne de vaccination est lancée ? Cette rapidité de réaction, unique dans les annales de la médecine, a été permise par l'ingénierie génétique. Grâce à ses méthodes, on a analysé le génome viral, identifié les protéines cibles pour la vaccination et construit des gènes permettant la synthèse d'ARN messager qui mobiliseront l'expression génétique des cellules où ils seront injectés, déclenchant la réponse immunitaire. » Parallèlement, poursuivent les experts, une épidémie virale se répand dans les champs de betteraves, mais ce qui vaut pour les êtres humains n'est pas accepté pour les plantes ! Les signataires de la tribune posent la question : quels sont les domaines privilégiés par les chercheurs qui bénéficient de la générosité des donateurs ? Ces chercheurs, concluent les scientifiques signataires, travaillent sur la génétique humaine. Qui s'en plaint ? Qui peut contester l'intérêt de ces recherches ? Le vrai risque est de ne pas en prendre et c'est ici, sur ce terrain, que l'heuristique de la peur montre ses limites. Les scientifiques signataires de la tribune du *Monde* nous ramènent à la réalité : « Les betteraves, comme toutes les plantes cultivées, résultent d'une sélection génétique effectuée par les humains à partir de plantes sauvages, qui a profondément modifié leur génome pour les adapter à l'agriculture. »

Poussant un peu plus loin, ils évoquent ces papayers des îles d'Hawaï, transgéniques résistants à un virus létal, « sans aucun risque sanitaire ou environnemental » et s'interrogent : compte tenu du débat passionnel et des interdits quasi religieux autour de ces questions, quelle entreprise française acceptera de prendre le risque de la recherche et de l'innovation, quel chef d'entreprise acceptera d'investir un domaine de recherche frappé d'interdit ? La France se condamne au recul technologique. Elle subira une double peine. Non seulement les recherches se poursuivront sur le génome des plantes, sur les traitements des nuisibles, et des entreprises étrangères trouveront des solutions, mais au passage nous aurons épuisé nos filières de production et nous serons dépendants d'importation sans doute moins vertueuses et moins contrôlées que nos propres productions. Le principe de précaution nous aura conduits dans le mur deux fois et la peur, mauvaise conseillère, nous maintiendra dans un état de dépendance, voire de recul. Les écologistes, les Faucheurs volontaires, les ONG environnementales qui empêchent la recherche en France font le jeu des industriels étrangers et des multinationales américaines ou allemandes, championnes de la recherche génétique. Les faits sont les faits. Aussi gros que cela puisse paraître, il faut bien s'en tenir à l'évidence. Dans le brouillard, quand rien n'est clair, la bonne question à se poser est toujours la même : à qui profite le crime ? Les Robin des bois ne seraient-ils pas plutôt des idiots utiles et, s'ils l'étaient, pour qui le seraient-ils ?

Le monde est ouvert, les marchandises circulent, la recherche est un enjeu central de souveraineté et d'indépendance. Entraver l'action des entreprises françaises, voire européennes, vise en réalité à offrir un avantage compétitif à leurs adversaires. Les ONG disposent de moyens financiers importants, fournis par les États ou par des parrains privés, pour mener des actions qu'ils présentent comme une forme de résistance. Ces actions prennent des formes diverses : actions commandos, destructions de champs d'étude de nouveaux produits, campagnes de presse, procédures devant les tribunaux. La judiciarisation des débats donne souvent lieu à des procédures abusives. Ce qui est résistance pour les uns est perte de chance pour les autres. Il faut voir la réalité en face. Les écologistes allemands ont au moins le mérite de défendre les intérêts allemands ; les nôtres n'ont ni frontière ni patrie. Ils s'en prennent à nos fleurons et, par leur attitude constante, poussent en dehors de France les laboratoires et les chercheurs. Le pouvoir politique, trop faible, les a laissés faire, tandis que la justice, par sa mansuétude, les a encouragés.

La nature n'est pas bienveillante

Le prérequis de la pensée de Hans Jonas est que la nature serait naturante et bonne. Et si elle ne l'était pas ? L'historien de la philosophie et anthropologue français Frédéric Keck a cette formule qu'il faudrait toujours garder en tête quand on parle de Dame Nature : « La nature est la plus grande menace bio-terroriste. » La conquête de la souveraineté humaine, ou tout simplement de la sécurité humaine dans un environnement hostile, a été et reste un long chemin semé d'embûches. Nous avons oublié combien la nature avait été cruelle et quelle tueuse en série elle a été au cours des premiers siècles de l'épopée humaine sur cette Terre. À l'heure où ces lignes sont écrites, nous ne sommes pas en état de déterminer avec certitude l'origine de la pandémie de Covid-19. Le virus est-il sorti d'un laboratoire chinois, accidentellement ou volontairement, ou a-t-il émergé dans le cadre d'un phénomène dit de zoonose, c'est-à-dire de transmission de l'animal vers l'homme ? Nous avons tout fait pour réveiller les forces destructrices de la nature. Les Verts ont raison sur un point : plus nous puisons dans les réserves primaires de notre Terre, plus nous prenons le risque de réveiller des tueurs endormis. En pénétrant les lieux premiers, les forêts profondes, en creusant le sol, nous avons pris contact avec des espèces animales qui portaient un danger viral transmissible. Il est encore temps d'éviter le creusement des pôles et le dégel du permafrost où séjournent, endormis par le froid, des dangers encore plus grands.

On pourrait partager les combats des écologistes contre le saccage de la Terre si leur pensée n'était pas aussi totalisante, ou totalitaire, un peu comme un code religieux dont il ne faudrait rien laisser de côté. La peur est-elle le bon réflexe face à un danger comme le dérèglement climatique ? Elle est entretenue par le discours anxiogène des écologistes. Cécile Duflot estime par exemple, contre toute évidence, qu'il n'y aura pas de miracle technologique. Pourtant, les progrès réalisés par les producteurs et par les industriels sont incontestables. La technologie est la seule arme de lutte dont nous disposions contre le réchauffement climatique. L'humanité n'en est pas à son coup d'essai. Un rapide examen de l'histoire des techniques montre que le génie humain et la découverte de nouvelles technologies, en dépit de leurs nombreux ennemis, ont toujours permis de dépasser les obstacles. Le principal succès des Verts est cependant d'avoir instillé le doute dans l'esprit de l'opinion. On est frappé de voir à quel point le vote écologiste s'exprime d'abord et presque exclusivement dans les milieux urbains, c'est-à-dire dans des espaces où la nature est souvent fantasmée, dans des espaces où toutes les externalités négatives du modernisme sont les plus cruellement ressenties. Dans ces univers très minéralisés, les étés caniculaires sont intenses et le dérèglement du climat impressionne. La peur est en réalité l'ennemie de la pensée. Elle s'adresse à la nature des individus plus qu'à leur culture. La peur est primale, elle flatte les instincts de violence et de rejet. Hans Jonas se trompe. La peur n'est pas un sentiment noble qui nourrit le sens des responsabilités. Les peurs conduisent à la violence. Elles sont à l'origine des pires épisodes de l'histoire humaine.

Aux sources de la pensée altermondialiste, on trouve la critique de l'économie de marché et du capitalisme. Pour les théoriciens altermondialistes, les deux modèles se croisent, quand ils ne fusionnent pas purement et simplement. Aux États-Unis, Naomi Klein, l'auteur de *No Logo*, fournit la matière première idéologique dans

La Stratégie du choc[1]. Elle s'est efforcée de montrer comment les multinationales s'y prennent pour faire entrer leurs marques dans le quotidien des consommateurs et d'une certaine façon violer leur consentement. Dans l'univers mental des alters, toutes les entreprises appartiennent à la même famille mais il est plus facile de parler des multinationales. Elles sont nécessairement vicieuses et mal intentionnées. Dans *La Stratégie du choc*, Naomi Klein dénonce la mainmise idéologique de l'École économique de Chicago (Milton Friedman) sur les élites montantes des jeunes Latinos américains. Elle raconte comment, dans les années 1970, Friedman a convaincu le doyen d'une université chilienne (l'Université catholique du Chili) de proposer l'enseignement de modèles économiques libéraux à des étudiants prometteurs qui recevraient des bourses de l'université américaine. L'université d'État avait refusé ce programme de subventions. La bataille idéologique avait commencé dans les années 1950, mais à dose encore homéopathique. Quelques dizaines d'étudiants chiliens avaient été accueillis à Chicago et en étaient repartis avec de solides diplômes en poche, et une formation académique et idéologique robuste. Toutefois, la percée idéologique libérale de l'École de Chicago en Amérique du Sud n'est jamais vraiment parvenue à ses fins. Les régimes inspirés par elle se sont effondrés, comme en Argentine, où la politique monétaire du président Menem a plongé le pays dans le chaos. Échec des politiques libérales mal appliquées dans des pays corrompus où l'État est faible, échec aussi des régimes marxistes, comme au Venezuela et en Bolivie. Tous les régimes inspirés par la gauche

1. Actes Sud, 2007.

révolutionnaire ont échoué, en Amérique du Sud, le continent de toutes les expérimentations : les communes autonomes du Chiapas au Mexique, la révolution bolivarienne au Venezuela, le régime main propre et tête haute de Lula au Brésil, la démocratie du partage en Bolivie.

6

Peut-on avoir confiance en l'homme ?

Des mouvements minoritaires mais actifs et de plus en plus influents expriment une forme d'antihumanisme, une haine de l'humanité, considérant que l'homme est par nature comme par culture un être déraisonnable. Écologistes radicaux, décolonialistes, féministes antimâles, antisciences : les nouveaux misanthropes ont une bien faible considération pour les êtres humains, qu'ils considèrent comme des parasites du monde ou de la société. Ils combattent les institutions, y compris celles du savoir, car elles sont selon eux des outils de domination au service de groupes humains, dont celui des hommes blancs, rejoignant ainsi la corrélation établie par Foucault entre pouvoir et savoir.

Repenser et réécrire l'histoire

La culture et l'éducation sont leur terrain de chasse. Ils endossent la vision du philosophe italien et membre fondateur du parti communiste de son pays Antonio Gramsci, pour qui la survie de la bourgeoisie est liée à son emprise sur les représentations culturelles de la masse des travailleurs. Le bien nommé magazine *Agir par la culture* retient ceci de l'héritage idéologique de Gramsci : « Pour renverser la vapeur, toute conquête du pouvoir doit passer par un long travail idéologique, une lente préparation du terrain au sein de la société civile. Il faut peu à peu subvertir les esprits, installer les valeurs que l'on défend dans le domaine public afin de s'assurer d'une hégémonie culturelle *avant* et *dans le but* de prendre le pouvoir[1]. » Comment s'assurer l'hégémonie culturelle, si ce n'est en contestant le stock des savoirs acquis et les méthodes de travail dans les lieux de transmission et de production des savoirs ou des connaissances ? Les facéties de quelques professeurs de l'enseignement supérieur pour changer les programmes d'apprentissage ne doivent pas être prises à la légère. Comme le relève l'Observatoire du décolonialisme et des idéologies identitaires, « nous faisons face à une critique radicale des sociétés démocratiques, au nom d'un prétendu décolonialisme et d'une intersectionnalité qui croit combattre les inégalités en assignant chaque personne à des identités de race et de religion, de sexe et de genre ». Le géographe Benoît Hartmann, ancien directeur de la communication et porte-parole de France Nature Environnement, se demande si bientôt « on va renier les enseignements des philosophes grecs ». Quand on fait disparaître des enseignements, dit-il, « on se coupe de son histoire ». Le savoir est cumulatif. « La science, ajoute avec humour cet intellectuel proche des cercles environnementalistes, c'est comme l'amour, plus vous en donnez, plus vous en avez. »

Pour les activistes racialistes, pour les tenants d'une écologie de la décolonisation, la contestation du récit

1. Aurélien Berthier, « L'hégémonie culturelle selon Gramsci », *Agir par la culture*, n° 25, printemps 2011.

historique et des représentations sociales est un préalable. Le premier travail de sape est, conformément au sens primaire de cette expression, de contester les fondations des connaissances et des savoirs officiels ou académiques. Au cours des dernières années, une nouvelle forme d'écologie est apparue sous la dénomination d'« écologie décoloniale ». Dans la *woke culture*, ou culture « de l'éveil », seuls les Blancs peuvent être racistes. Le racisme des autres groupes de population, Noirs en particulier, n'existe pas. Il y a le bourreau et la victime, et leurs rôles ne sont pas interchangeables. La critique radicale de l'homme est d'abord une critique radicale de l'homme blanc. C'est lui qui est à l'origine des malheurs de l'humanité. La colonisation humaine et économique a bâti les rapports de classe et de domination. Elle a été le prélude à l'extractivisme, à la surexploitation des espaces naturels. Le Blanc a martyrisé ses semblables de couleur et il a mis en œuvre des rapports de domination économique qui ont abouti à la société d'aujourd'hui. Les militants de l'écologie décoloniale font le procès de ce processus historique.

La vérité de l'histoire est plus subtile. L'historien bordelais Paul Butel, professeur des universités, raconte dans sa fabuleuse *Histoire des Antilles françaises*[1] que le contact des femmes noires et des maîtres blancs dans les plantations caribéennes donna lieu assez rapidement à des rapprochements indifférents à la couleur de peau. Des enfants métis naquirent de ces unions informelles et clandestines. Et, rappelle Paul Butel (1931-2015), revenant à Saint-Domingue, la première des réclamations des jeunes filles « chabines » fut de ne pas être assises à côté de leurs mères, plus foncées, dans les

1. Perrin, 2002.

fauteuils de l'opéra de la colonie française. Aujourd'hui encore, aux Antilles, à l'occasion de la naissance d'un enfant, on se demande s'il a la peau « chapée », autrement dit si sa peau l'a échappé ! Cette anecdote toujours d'actualité en dit long sur l'impact psychologique de la colorimétrie culturelle dans les sociétés plurielles. Il alimente l'idée que le racisme des Blancs à l'égard des Noirs, racisme systémique selon les tenants de l'écologie décoloniale, a été copié (comme culturellement transmis) par les moins noirs des Noirs à l'égard de celles et ceux qui avaient la peau plus foncée.

Les activistes déconstructeurs de l'écologie décoloniale avancent sur ce terrain glissant du racisme systémique. Ils expliquent que la société est racialisée, violente à l'égard des minorités, dominée par les Blancs. Quelques auteurs veulent ainsi penser l'écologie en dehors du monde blanc. Croisez la question du dérèglement climatique et la dépendance économique des départements français d'Amérique (Martinique et Guadeloupe) et vous obtiendrez le cocktail décolonialiste : « La décolonisation, c'est la déconstruction de cette vision blanche et occidentalo-centrée, qu'on retrouve très souvent dans le système capitaliste dominant. C'est aussi et surtout l'émancipation des personnes descendantes de la colonisation ou subissant aujourd'hui le néocolonialisme. Le racisme est un rapport de domination issu du colonialisme : la décolonisation, c'est s'attaquer à ses racines. L'écologie décoloniale, cela pourrait donc être une approche de l'écologie qui prend en compte plus particulièrement les systèmes de dominations existants (aussi appelés oppressions systémiques). C'est le fait qu'il existe des systèmes de dominations de classe/genre/race/orientation sexuelle… et qu'il faut le prendre en compte à travers le prisme de l'écologie[1]. »

L'écologie décoloniale ne vise pas à démonter un phénomène indéterminé, un modèle qui serait le produit des hasards de l'histoire. La cible est cette trilogie dans laquelle on retrouvera en partie la critique des philosophes Jacques Ellul et Bernard Charbonneau : l'Occident colonial, le capitalisme et les développements techniques et industriels. La monoculture de la canne aux Antilles, les bananeraies et leur lot de scandales sanitaires comme celui du chlordécone, le modèle d'économie de comptoir imposant les règles d'une économie de transfert sont, aux Antilles françaises, la continuation de la colonisation par d'autres moyens. L'écologie décoloniale est donc décoloniale avant d'être écologique. Mais ce qui est frappant, c'est que ces mouvements anciens se retrouvent dans le logiciel écologiste, comme s'il s'agissait d'un mouvement attrape-tout capable d'agréger des combats anciens et diversifiés, mais tous reliés par le fil de l'histoire des dominations.

Le relativisme scientifique

L'université devrait être l'espace où se discutent les savoirs et les connaissances. Elle est devenue, dans certains cas (pas tous, heureusement), le miroir d'un monde archipélisé. Les nouveaux courants d'enseignement et de recherche marquent l'échec de l'universalisme – l'échec posthume d'un Aimé Césaire, le

1. Quôc Anh, « L'écologie décoloniale : la nécessité de décoloniser l'écologie », Mediapart, 30 septembre 2019.

poète antillais, chantre de la fraternité humaine. « Nous sommes des Français à part entière, disait-il, et non des Français entièrement à part. » Césaire rêvait d'un « monde de soleil dans la fraternité de mes frères aux yeux bleus ». C'est la société inverse qui naît dans les nouveaux enseignements et dans les paradigmes de recherche constructivistes, une société séparée, balkanisée, dans laquelle l'universel s'incline devant le particulier et les représentations militantes. Les particularismes ne sont pas un obstacle à la recherche quand ils ne prétendent pas à l'universalité. Jürgen Habermas écrit, dans *Morale et Communication*[1] : « Au lieu d'imposer à tous les autres une maxime dont je veux qu'elle soit universelle (comme Emmanuel Kant), je dois soumettre ma maxime à tous les autres afin d'examiner par la discussion sa prétention à l'universalité... Le centre de gravité ne réside plus dans ce que chacun souhaite faire valoir, sans être contredit, comme étant une loi universelle, mais dans ce que tous peuvent unanimement reconnaître comme une norme universelle. » L'université a toujours privilégié les approches spécifiques, l'innovation, y compris en méthodologie, mais elle n'admet pas les séparatismes intellectuels. L'université française s'est suffisamment perdue dans les errements idéologiques, elle doit retrouver sa mission : transmettre des savoirs et faciliter la recherche.

En filigrane de ce débat sur les méthodes et sur les paradigmes d'étude, admettons au préalable que toutes les connaissances ont une valeur mais que toutes n'ont pas de validité. Pour les tenants des « novsciences », le réel n'est pas un problème. Il doit s'adapter. La science aussi. Le débat épistémologique qui trace la

1. Cerf, 1983.

séparation entre ce que l'on sait et ce que l'on pense (ou ce que l'on croit) alimente les échanges entre philosophes des sciences. Un vaste mouvement révisionniste des connaissances est à l'œuvre dans toutes les grandes universités du monde. Ce mouvement vise à revoir le stock de connaissances dont dispose l'humanité pour l'ajuster aux biais idéologiques de minorités actives. Il prend diverses formes : remise en cause de l'expertise scientifique pour ce qu'on appelle les sciences de la nature, dont la physique, la chimie ou la biologie[1], contestation voire déréférencement des auteurs classiques et des connaissances acquises, condamnation de pans entiers de l'histoire humaine pour non-conformité aux aspirations de la jeunesse. Les savoirs et les connaissances évoluent. C'est ce qui fait le progrès.

Le révisionnisme des savoirs est sans doute aussi vieux que les savoirs eux-mêmes. Il faut distinguer la controverse scientifique, c'est-à-dire la réfutabilité des savoirs et des connaissances acquises, de la contestation des normes du savoir. En réalité, nous sommes au cœur du débat, et c'est bien la question du réel, tel qu'il est, ce qui nous entoure, ce que nous savons, qui est en discussion. Les universités américaines se sont emparées du mouvement connu aux États-Unis sous le nom de French Theory. Ce mouvement connaît son heure de gloire dans les années 1960. Il se déploie d'abord dans les cercles universitaires de gauche, voire d'extrême gauche, avant de gagner un peu d'audience dans les salons parisiens. Gilles Deleuze, Jacques Derrida, Michel Foucault, Simone de Beauvoir et Claude Lévi-Strauss en sont les pères/mère, avec le sociologue Jean Baudrillard. Dans la novlangue postmoderne, la French

1. Voir, ci-dessus, l'« affaire Séralini », p. 99 *sq.*

Theory propose des formules de déconstruction des savoirs et, dans certains cas, dénonce l'imposture des normes. Pour ses fondateurs, le monde, ou si vous préférez le réel, y compris le réel sensible, n'est rien d'autre qu'une représentation de la pensée. Il peut s'interpréter et/ou se déconstruire, et c'est sur cette base que des philosophes et sociologues français de gauche vont contester toutes les formes d'organisation de la société, en y incluant la reconstruction de la pensée.

La philosophie de la déconstruction ne résistera pas aux événements de 1968. La « société bourgeoise » a survécu au choc du printemps, les Français n'ont pas réalisé la révolution que l'extrême gauche avait imaginée. L'audience des déconstructeurs s'affaiblit dans nos universités. Le petit monde français retrouve sa logique de croissance et adhère aux promesses de progrès dans la France de Georges Pompidou, sans doute le plus cultivé et le plus philosophe des présidents de la Ve République. Les visées radicales des philosophes français issus de l'université de Vincennes n'ont pas résisté à l'optimisme de la fin des Trente Glorieuses, mais elles vont traverser l'Atlantique pour atterrir dans les universités américaines, sous la forme des études de genre et notamment des études postcoloniales.

Cette nouvelle école interpelle les modèles classiques d'enseignement et conteste les paradigmes sur lesquels ils sont bâtis, y compris les outils de méthodologie, thèse, antithèse, synthèse, voire la boucle méthodologique induction-déduction-abduction, et la méthode hypothético-déductive. Le modèle issu de la French Theory estime que le cadre de la démonstration des savoirs proposé par les écoles classiques est un piège, une forme de dictature de la démonstration. Ce mouvement et ses nouveaux activistes pratiquent l'indifférenciation, la *cancel culture* quand elle est utile, quand elle permet de contourner les règles scientifiques de validation pour leur substituer le pouvoir de l'opinion. La *cancel culture*, « culture de l'annulation », apparue en 2017 dans les universités américaines, vise à mettre de côté des personnes ou des groupes dont l'attitude passée est jugée inadéquate, contraire à ce que les partisans de cette culture considèrent comme vrai. Dans ce nouvel univers relatif de la connaissance, où toutes les logiques sont contestées, l'Écologie est une sorte de marque ombrelle sous laquelle se regroupent les mouvements claniques et groupusculaires d'affirmation des identités particulières : animalistes, féministes radicales anti-hommes, antispécistes, racialistes, antisciences, anti-5G, anti-OGM, dans certains cas antisionisme radical, etc.

Progressivement, ces nouvelles approches de la connaissance adoptent un tour militant. L'intransigeance va prendre le pas sur la tempérance qui devrait accompagner toute démarche pédagogique, et la pureté militante l'emportera sur l'esprit de controverse, pour aboutir récemment à la politique du *canceling* (l'annulation des connaissances anciennes), puis du *trashing*, consistant à dénoncer publiquement tous ceux qui pervertissent la pureté des savoirs alternatifs.

En France, l'approche dite « intersectionnelle » emprunte cette voie. Dans les sciences sociales, anthropologie, sociologie, sciences politiques, histoire, on étudie toutes les formes de discriminations. Des individus ou des groupes sont stigmatisés et discriminés pour leur appartenance à une communauté ethnique ou à un genre ou les deux à la fois, autrement dit à l'intersection des deux formes de discrimination. On peut être femme et noire et, à ce titre, doublement victime. Les études sur les discriminations sont parfaitement légitimes, mais c'est la méthodologie qui est critiquable. Comment en effet accepter les séminaires excluant une partie de la communauté éducative et du public des apprenants, comme le défend l'Unef, le syndicat étudiant, militant en faveur du port du voile à l'université en 2013 ? Au mois de mars 2021, l'une de ses dirigeantes, Mélanie Luce, d'origine antillaise, justifie la tenue de réunions « colorimétriques » « pour permettre aux personnes touchées par le racisme de pouvoir exprimer ce qu'elles subissent ». Elle reçoit le soutien d'Audrey Pulvar, candidate malheureuse du parti socialiste lors des élections régionales en Île-de-France (juin 2021). L'adjointe de Mme Hidalgo à la mairie de Paris, très proche des écologistes, introduit une nuance sans toutefois dénoncer ces méthodes séparatistes. Voici ce qu'elle dit à la télévision, mot pour mot : « Que des personnes discriminées pour les mêmes raisons et de la même façon sentent la nécessité de se réunir entre elles pour en discuter ne me choque pas profondément. S'il se trouve que vient à cet atelier une femme blanche, un homme blanc, il n'est pas question de la ou le jeter. En revanche, on peut lui demander de se taire, d'être spectateur ou spectatrice silencieux. »

Sur le terrain académique, ces pratiques sont injustifiables. Un immense chercheur comme Paul Butel, spécialiste de l'histoire coloniale, déjà cité dans ce texte pour sa remarquable *Histoire des Antilles françaises, du XVIIe au XIXe siècle,* n'aurait pas eu accès à certains séminaires de recherche au motif qu'il était blanc ! Pascal Blanchard, pourtant connu pour son engagement humaniste, lui aussi historien de la colonisation, auteur de nombreux ouvrages dénonçant le système colonial et les crimes commis en son nom, serait resté à la porte d'ateliers racisés sur un sujet qu'il maîtrise parfaitement, et sans doute beaucoup mieux que les militants séparatistes.

Une partie de la gauche et des écologistes sont en porte-à-faux sur le terrain des luttes raciales. D'abord pour des raisons électorales. En arrivant au pouvoir en 1981, le parti socialiste cherche à capter le vote des enfants d'immigrés par l'intermédiaire du monde associatif. SOS Racisme est créé en 1984, à l'initiative de Julien Dray et Harlem Désir, encouragés par l'Élysée, à reprendre le contrôle sur la jeunesse d'origine immigrée, qui s'était mobilisée à l'occasion de la Marche pour l'égalité lancée par le père Delorme (1983). La gauche laïque s'inquiète d'un mouvement encouragé par un prêtre, fût-il le curé des Minguettes, admirateur de Martin Luther King ; elle veut garder la main. Cette stratégie a donné d'incontestables résultats électoraux mais elle s'est essoufflée, notamment parce que les socialistes ont voulu cantonner les « Beurs » au monde associatif. Les enfants d'immigrés s'occupaient des associations et, eux, les dirigeants du PS, souvent issus de l'extrême gauche, occupaient les mandats politiques. Le centre de gravité idéologique de la gauche a rapidement glissé vers les minorités. Les socialistes ont mené des politiques marketing en direction de plusieurs segments de population, en fonction de leurs origines et de leurs conditions sociales.

La France des années 1980-1990 est en panne d'égalité sociale et les mouvements de revendication des enfants d'immigrés portent sur l'égalité des chances. La société française des années 2020 est traversée, elle, par un vaste mouvement de revendications identitaires souvent surmédiatisées. On ne réclame plus l'égalité des chances, mais au contraire, le droit à la différence, le droit au séparatisme de la communauté nationale dans le cadre de dérives racialistes et minoritaires. Ce sont bien ces stratégies de rupture et non plus d'agrégation qui sont aujourd'hui approuvées et défendues par une partie de la gauche, dont les écologistes et leurs amis ou alliés. Les pratiques en cours dans certaines universités françaises, comme l'introduction d'un « Hijab Day » à Sciences Po Paris, ou les mises en accusation d'enseignants, voire leur exclusion de certaines rencontres au motif de divergences idéologiques ou de leur statut personnel, racial, religieux ou politique, mais non académique, font planer une menace sur la qualité de la production universitaire, comme le dénonce la sociologue Nathalie Heinich. Tel doctorant écrit dans son introduction, « ma thèse s'adresse autant au monde universitaire qu'aux activistes et elle correspond à un engagement personnel » ; dans tels autres travaux de troisième cycle, l'expérience individuelle est érigée en vérité objective ; enfin, et pour ne citer que ces exemples, le mot « autobiographie » revient de plus en plus souvent dans les travaux universitaires, comme s'il s'agissait de valider des vérités scientifiques à l'aune de sa propre expérience.

Les libertés académiques sont menacées par ces pratiques, notamment dans les sciences humaines et sociales, qui produisent le substrat culturel et intellectuel de la société. On nous dira, et c'est exact, qu'elles sont encore minoritaires, voire marginales, mais c'est la tendance qu'il faut observer et elle est clairement en croissance. Elle marque le débat politique quand, dans certains cas, elle ne le structure pas. L'objet est de transformer les sciences sociales en sciences de l'idéologie en contestant la légitimité de certaines connaissances, de certaines représentations (au sens géopolitique du terme), de certains auteurs, de certaines sources documentaires et de certains enseignants. Il s'agit de fabriquer une sorte d'avant-garde éclairée qui donnerait la ligne de la culture officielle. Demain, seuls celles et ceux qui auront été qualifiés par leur conscience des choses (comme la situation de l'environnement) ou par leur statut personnel, leur couleur, leur genre, leurs pratiques sexuelles ou sociales seront autorisés à s'exprimer.

Très récemment, en Grande-Bretagne, des universités reconnues ont renoncé à l'étude de certains auteurs ou de textes présentés comme associés à des idées toxiques ou réactionnaires. Le mouvement présente désormais un caractère international. Si on observe sa cinétique, il est parti de France pour s'installer aux États-Unis, via la French Theory, puis revient en Europe, y compris en Grande-Bretagne où les écologistes sont faiblement représentés. Dans un pays communautarisé comme l'Angleterre, le séparatisme s'exprime aussi dans les universités. La prestigieuse université de Leicester annonce en 2021 qu'elle renonce à enseigner tous les textes antérieurs à l'an 1500. Les *Contes de Canterbury* disparaissent. Les vingt-quatre histoires rédigées par Geoffroy Chaucer sont pourtant considérées comme le premier grand texte écrit en langue anglaise. L'intérêt académique de ce document est évident. Chaucer a appris l'anglais de Londres et des Midlands, qui va devenir la langue littéraire du royaume. Il décrit les mœurs de l'époque (1340-1400), avec esprit critique, un peu comme le feront plus tard les fabulistes de la cour de France. Son travail a été étudié par des générations de jeunes gens. C'est un document historique précieux, une vraie source documentaire. Pourtant, disent les dirigeants de l'université, il ne correspond plus à la demande des étudiants.

Autant que l'évolution des contenus d'enseignement, c'est ce dernier argument qui est le plus significatif. L'enseignement est présenté ici comme un marché dans lequel on tient compte de l'avis des « consommateurs ». On passe d'un corpus de connaissances défini dans le cadre d'un projet académique et pédagogique à une politique marketing de l'offre. Et c'est d'ailleurs cet argument qui est brandi par le conseil de l'université pour dire que l'attente des jeunes gens porte plutôt sur les études de genre, sur « la race, l'ethnicité, la sexualité et la diversité » dans le cadre d'un programme décolonial. Les observateurs ahuris découvrent que, pour l'université, Chaucer est d'un seul coup « trop blanc » (*too white*). Une enseignante de St Andrews University (Écosse), Christine Rauer, s'étonne dans les colonnes du *Daily Mail* : « Pourquoi les sujets comme la race, l'ethnicité, la sexualité et la diversité ne peuvent-ils pas être enseignés à côté de Chaucer et Beowulf ? » L'argument de cette professeure est inattaquable, les étudiants anglais seront demain en compétition avec d'autres étudiants, qui auront un champ de connaissance plus large et bénéficieront d'un avantage compétitif. Il faut voir grand et ne pas restreindre le champ des connaissances. Le professeur Nishan Canagarajah, vice-chancelier de l'université, avance l'argument inverse dans le quotidien *The Telegraph*. Ces transformations étaient nécessaires pour que l'établissement soit « compétitif au niveau mondial ».

Il s'agit en réalité d'un tournant, ou plutôt d'un renversement dans l'histoire de l'éducation. Écoles et universités ont pour mission de transmettre un corps de connaissances, au terme d'un long processus de classification et de validation. La post-culture se distribue en fonction de la demande. On passe d'une politique de l'offre à une logique de la demande. Ces choix d'enseignement sont paradoxalement comparables à la politique des grandes entreprises américaines de la Silicon Valley, les Facebook et Google, qui choisissent d'indexer les recherches des internautes sur l'évaluation de leurs goûts et de leurs attentes. À l'instar des moteurs de recherche qui pensent à votre place, l'université ne serait plus un robinet qui distribue les savoirs et les connaissances et laisse à chacun le soin de former son opinion, mais un filtre qui apporte un corpus de représentations prémâchées !

Leicester n'est pas un cas à part. En 2019, l'université de Sheffield avait déjà présenté son programme de « décolonisation », reprenant le terme qui désigne le processus menant à l'indépendance des peuples anciennement colonisés pour sortir d'une culture universitaire affectée par « les préjugés raciaux que nous constatons dans le reste de la société ». À Oxford, l'objectif est également de décoloniser les diplômes en sciences et en mathématiques. Les cours devront s'ouvrir aux questions de race et d'empire (britannique, suppose-t-on !)... Le raisonnement scientifique serait donc un réflexe blanc, y compris dans les sciences humaines et sociales. Il est préférable de se fier à ses biais personnels, à ses émotions, puisque l'enjeu est d'être inclusif ! L'inclusion, voilà le Graal qu'il faut atteindre, comme si l'enseignement et la recherche universitaire devaient avoir pour ambition première l'inclusion des contraires, ou de la diversité. La science n'est pas, par nature, le territoire des compromis mais un chemin vers la connaissance. Le phénomène de post-culture ou de *cancel culture* a pris un tour massif en Angleterre, au point que le gouvernement a dû prendre en 2021 des « mesures pour assurer la liberté d'expression » et tempérer la culture alternative qui privait de parole certains universitaires. Comme ce fut le cas dans certaines universités françaises, des auteurs ont été l'objet de censures ou « désinvités » de conférences auxquelles ils avaient été conviés. Des groupes d'étudiants se sont opposés à la venue d'intellectuels sur des sujets comme les études de genre, l'héritage de l'Empire britannique et même le Brexit. Le ministère de l'Éducation a sans doute trouvé le mot juste en indiquant que « des universités avaient fait passer la sécurité émotionnelle des étudiants avant la liberté d'enquêter » !

L'université – du latin *universitas*, lieu où l'on enseigne l'ensemble des savoirs – a été pendant longtemps l'univers précieux de la controverse. La controverse est féconde, productive, elle met en œuvre des échanges, elle organise la concurrence des idées et elle aboutit au progrès. C'est vrai des sciences humaines et sociales, mais c'est vrai aussi des sciences de la nature. Le contradictoire est la condition de la controverse. Or, les politiques de veto sur certains auteurs ou certains documents mettent fin au frottement des idées et à l'esprit critique qui doit prévaloir pour servir ce que les Encyclopédistes appelaient l'esprit d'examen. Ces politiques sont le contraire de la science. La belle tradition scientifique qui naît en France et chez ses grands voisins au XVIIIe siècle s'échappe du scientisme pour entrer dans la science, laquelle s'adosse à l'esprit d'examen, par lequel on cherche à vérifier si une hypothèse est vraie ou fausse. À l'inverse, la « novscience » exclut la réfutabilité des choses, pour entrer dans un monde de certitudes figées, voire définitives. La novscience est dépourvue d'objets intellectuels, pour reprendre une formule épistémologique. Pour qu'il y ait étude, il faut un objet d'étude.

Un monde totalitaire

Une nouvelle gauche encore très minoritaire mais plus influente que sa représentation quantitative est apparue et se déploie en France, dans tous les milieux, y compris à l'université et dans les communautés revendiquées. Elle fait la promotion des cultures alternatives. Ces post-cultures se distinguent par leur absence de plasticité. Et c'est ce qui les rend redoutables. Elles ont souvent des allures de codes religieux. Elles sont radicales, ne supportent pas les écarts de conduite ou de langage, elles sont totalisantes. Il faut en maîtriser les codes et les mots pour en être. Exemple, le cas de cette militante féministe qui poste sur une chaîne YouTube une vidéo sur la biphobie dans le milieu lesbien. Ces chaînes thématisées sont très suivies par les membres des communautés concernées et forment le miroir presque unique du monde aux yeux de leurs membres. Pour les militants qui sont abonnés à ces médias, le reste de la société ment, en particulier les médias dits officiels ; en réalité, ces chaînes ont une influence au-delà de leur diffusion directe. Leurs contenus imprègnent les cultures communautaires et tendent à éloigner d'autres réseaux d'information, de la presse et des chaînes de télévision généralistes. Le mot « biphobie » employé par la militante féministe sur YouTube est un mot-valise qui intègre toutes les manifestations d'hostilité, de mépris et de rejet pour des personnes appartenant à une communauté d'orientation sexuelle. Aussitôt postée sa vidéo, elle explique aux journalistes de neomag.fr qu'elle reçoit un tombereau d'insultes sur les réseaux sociaux et qu'on l'accuse de comparer les lesbiennes à des camionneuses ! L'enquête très fouillée de neomag.fr recense d'autres cas de radicalité. Une jeune mère victime de violences sollicite l'aide d'un groupe de parents sur Facebook. Elle s'y fait corriger, pour ne pas dire plus, au motif qu'elle n'emploie pas un vocabulaire inclusif compatible avec la dignité « des personnes trans et non binaires » !

Ces nouvelles pratiques totalitaires relèvent de la violence. On les résume sous l'action du *trashing* (*to trash* signifie critiquer sévèrement, détruire ou endommager). C'est une technique quasi fasciste qui désigne à la vindicte de la communauté celles et ceux qui ont un comportement déviant. Mais, dans ces groupes de gauche ou d'extrême gauche, la hiérarchie n'a pas disparu. Quelques influenceurs tirent les ficelles, distribuent les bons points et désignent les coupables. Le fait du prince y est monnaie courante. Ces phénomènes sont à resituer dans un cadre plus large. Les deux côtés du champ politique se polarisent autour d'idéologies plus violentes et à ce titre plus excluantes. La droite libérale et démocrate-chrétienne perd de l'influence au profit d'une droite souverainiste incarnée par le Rassemblement national, alors qu'à gauche LFI (La France insoumise), dont l'identité est comprise dans le nom, exprime volontiers une forme de haine des riches et des bourgeois. C'est la version contemporaine des mouvements révolutionnaires. Elle peut à l'occasion associer ses forces au mouvement écologiste EELV, le parti qui entend par la contrainte imposer une cure de décroissance au pays. Les pensées humanistes, l'intention universaliste, la foi dans la raison humaine ont disparu au profit de la pureté idéologique et des modèles autoritaires. Chez les écologistes, l'émergence d'un paganisme vert replace la nature au centre de la vie et relègue les individus au rang des autres êtres cellulaires. L'homme prédateur doit être tenu en laisse. Dès lors, un nouvel ordre apparaît. La nature d'abord.

L'environnement ! Il est la valeur suprême, la matrice par laquelle tout arrive, et c'est à ce titre que tous les êtres qui y vivent sont subordonnés à sa transcendance. En dessous, toutes les formes de vie, humaine, animale, végétale, à égale distance les unes des autres, indifférenciées car elles forment un tout, une seule santé (*One Health*). Puisqu'elles forment un tout, le monde tel qu'il est, elles ont toutes la même valeur. La fleur des champs, la musaraigne ou le bébé qui vient de naître, comme le vieillard qui s'éteint, toutes et tous concourent à la même chaîne de la vie. Il faut les traiter de façon égalitaire. André Gorz, ingénieur et philosophe, disciple de la pensée d'Ivan Illich, a été l'un des premiers à penser la société de la décroissance, avec des mots d'abord aimables, comme l'expression de « simplicité volontaire », qui cache évidemment sa part de contrainte, même s'il s'agit d'autocontrainte militante. Très critique à l'égard du productivisme capitaliste ou communiste, il est le premier à proposer une rupture avec l'ensemble des pensées de gauche, réformistes ou révolutionnaires, dont l'ambition n'était pas d'infléchir le productivisme mais de le mettre au service des travailleurs ! Cette idée que la croissance n'est pas le seul horizon imprègne durablement le mouvement écologiste. André Gorz écrit qu'on est toujours le pauvre de quelqu'un ; il propose une formule de mesure adossée à la consommation d'énergie : pour les uns, être riche, c'est posséder une bougie pour s'éclairer, pour d'autres un vélo, pour les suivants, une petite automobile, et pour un Américain une grosse voiture. Course folle vers l'abîme. « Que voulons-nous, écrit Gorz ? Un capitalisme qui s'accommode des contraintes écologistes ou une révolution économique, sociale et culturelle qui abolit les contraintes du capitalisme et, par là même, instaure un nouveau rapport des hommes à la collectivité, à leur environnement et à la nature[1] ? »

Les écologistes d'aujourd'hui nous présentent souvent l'écologie comme un ensemble assez évanescent dans lequel on se passerait de la 5G et du nucléaire, de la voiture et de l'avion... Ils décrivent un monde joyeusement sobre, lent et paisible. Ils ne disent pas, en revanche, que ce monde perdrait tous les avantages du capitalisme : des entreprises de grande taille qui obtiennent des rendements croissants, de grandes exploitations agricoles efficientes, tout ceci au profit d'une agriculture de proximité approximative, mal contrôlée, y compris sur le plan sanitaire.

Heureusement, pour reprendre une expression populaire, beaucoup d'écologistes sont « croyants mais non pratiquants » – mais c'est l'horizon idéologique qu'il faut saisir. Les écologistes français, à la différence de leurs voisins allemands, n'expriment aucun doute. Ils sont attachés à des dogmes de droit divin non révisables. Pour reprendre la réflexion du sociologue Raymond Boudon, nos écologistes aiment les ordres construits et se méfient des ordres spontanés. Les ordres construits offrent une vision stable, voire conservatrice du monde. Ils sont l'expression de la sécurité dans un monde de peurs souvent fantasmées. Les ordres construits sont conservateurs, au sens étymologique

1. André Gorz, « Leur écologie et la nôtre », *Le Sauvage*, avril 1974.

du terme. Ils voudraient placer le monde sous cloche. Mais qui sont les dirigeants des partis écologistes et des ONG satellites, environnementales, antitechnologies, anti-OGM, antimarchés, antiracistes ? Qui sont ces personnalités qu'on voit régulièrement sur les plateaux de télévision ? Quels sont leurs relais, leurs amis, comment leur parole pourtant très minoritaire dans l'opinion est-elle entendue aussi fort et aussi souvent dans le pays ?

Les écologistes viennent souvent du champ associatif. Ils ont appris à attirer l'attention des médias. Noël Mamère et son compagnon de route Patrick Farbiaz considèrent le champ de la communication comme un champ à part, un terrain de guerre, sur lequel la bataille des mots est décisive. Choisissez les mots, vous aurez déjà gagné le choix des armes. Obligez l'adversaire ou, à défaut, celui que l'on considère comme tel, à engager les hostilités là où on l'a décidé, et imposez-lui les règles et les mots du débat, voire de la polémique. Rien de tel que de placer l'autre en position d'accusé. C'est ce que les Verts ont fait tout au long du débat sur la loi climat. Toutes leurs prises de parole visaient à dire au préalable que le gouvernement avait vidé le texte de son contenu, à expliquer sur tous les tons que la loi ne servirait à rien, qu'elle n'aurait aucun effet. Ces paroles visaient non seulement le texte, mais surtout les auteurs du texte.

7

Une société de contrainte et de rationnement

La France est-elle condamnée à devenir un tiers-monde technologique ? Les écologistes sont hostiles aux OGM. Prononcez le mot « génétique », voire la formule « génie génétique », et vous obtenez les Faucheurs volontaires, ces groupes opposés aux cultures transgéniques auteurs de sorties musclées dans les cultures expérimentales. La formule de présentation des Faucheurs est la suivante : « Mouvement essentiellement français, dont les six mille sept cents militants revendiqués se sont engagés par écrit à détruire les parcelles d'essai transgéniques et de cultures d'OGM en plein champ. » Le mouvement des Faucheurs volontaires nous interroge sur les principes de désobéissance civique. Celle-ci est parfois utile et, au cours de l'histoire de France, la désobéissance a pu contribuer à sauver l'honneur du pays. Mais le non-respect de la loi est totalement inadmissible dans une démocratie où les citoyens possèdent toutes les possibilités de s'opposer par le vote, par la liberté d'expression, de manifestation. Est-ce bien le cas dans cette affaire de faucheurs ?

Les écologistes sont sur ce point sans nuance. Ils soutiennent mordicus ces faucheurs et associent les OGM au productivisme, à l'« agrobusiness » et à Monsanto, comme si ce nom devait suffire à provoquer l'effroi. Au passage, un examen précis montre que 90 % du glyphosate vendu aux agriculteurs n'est pas produit par Monsanto, mais par des industriels spécialisés dans les produits génériques !

La réalité de la recherche est bien plus nuancée. Les mouvements antisciences s'expriment dans tous les secteurs, mais c'est le champ de l'agriculture et de l'alimentation qui leur fournit les applications les plus nombreuses. En avril 2018, *Libération* publie une contribution de chercheurs français mettant en cause la sécurité alimentaire liée à l'utilisation de fongicides SDHI. Ils réclament un moratoire immédiat, au titre du principe de précaution. L'Anses (Autorité de sécurité sanitaire des aliments) s'autosaisit. Les maladies fongiques se multiplient. C'est pourquoi les paysans utilisent ces fongicides inhibiteurs, pour lutter contre la destruction de leurs récoltes[1]. Les maladies fongiques des cultures ne sont pas innocentes. Selon l'Union internationale pour la conservation de la nature, elles menacent 40 % des espèces d'amphibiens et sont pour 64 % la cause d'extinction de certaines plantes utiles à la biodiversité. Elles sont plus meurtrières que la tuberculose, puisqu'elles tuent plus d'un million et demi de personnes chaque année. Le Fonds global d'action contre les maladies fongiques a calculé que 600 millions de personnes pourraient garnir leur assiette si ces maladies étaient éliminées. On ne parle donc pas d'un détail mais d'un vrai sujet de sécurité alimentaire.

1. Les fongicides détruisent les champignons parasites.

Quelques semaines après son autosaisine, l'Anses publie ses travaux et affirme « que les informations et hypothèses évoquées n'apportent pas d'éléments en faveur d'une alerte sanitaire pour la santé humaine, pour l'environnement en lien avec l'usage agricole de ces fongicides qui pourrait justifier la modification ou le retrait des autorisations de mise en marché ». Dans une société d'opinion, que représente l'avis d'un organisme scientifique incontestable qui occupera quelques lignes dans les journaux ? À l'évidence, son poids ne vaut pas celui d'une tribune alarmiste et scientifiquement infondée publiée sans précaution par un quotidien d'opinion.

Le cas des fongicides est cependant une bonne illustration, trop rare il est vrai, d'une juste application du principe de précaution : alerte-expertise scientifique-conclusions. La juste application du principe de précaution ne réside pas comme trop souvent dans le retrait définitif d'une solution, mais dans la mise en œuvre d'un processus scientifique rigoureux et documenté, réalisé par des organismes indépendants. La France peut compter sur des autorités indépendantes et compétentes. Est-ce suffisant pour dissiper les doutes et lever les ambiguïtés ? La pandémie de Covid-19 a offert aux différents groupes d'« antis » l'occasion de se distinguer, avec souvent la complicité de personnalités proches des Verts. C'est dans ces moments de tension que l'on peut juger du sérieux et de la capacité à gouverner des responsables politiques. La France est le pays de Pasteur et de François Jacob, Nobel de médecine (1965), mais aussi celui d'Emmanuelle Charpentier, prix Nobel de chimie expatriée en Allemagne, celui de Stéphane Bancel, dirigeant de Moderna à Boston, ancien de l'industrie pharmaceutique française.

L'industrie, nous y sommes ! On ne comprend pas le vaccinoscepticisme si l'on ne croise pas la propension des groupes de Français à la vaccination avec leurs opinions politiques. Derrière l'hostilité au principe même du vaccin, on trouve celles et ceux qui remettent en cause le marché, les élites, « la classe dirigeante », l'État profond… L'expression « État profond » est employée pour qualifier un pouvoir parallèle, secret, persistant en dépit des alternances politiques, aux mains de groupes d'intérêts particuliers, publics et privés. Une enquête de la Fondation Jean-Jaurès, publiée le 17 novembre 2020 sous le titre « Vaccin : la piqûre de défiance », montre très clairement que les Français séduits par le Rassemblement national, par Debout la France, par La France insoumise ou par le NPA (Nouveau parti anticapitaliste) sont bien plus hostiles au vaccin que les électeurs d'Emmanuel Macron. L'étude montre aussi, sans surprise, que le niveau d'études est un déterminant important. Les électeurs et sympathisants Verts ne sont pas comptés au nombre des sceptiques. On y verra un décalage entre les électeurs verts et les théories développées par certains de leurs dirigeants. C'est en effet dans les rangs des écologistes que le courant antiscience a été le plus constamment représenté. Cet ouvrage n'a pas vocation à trancher les querelles et les controverses scientifiques. Certains faits doivent cependant être rappelés. Sur la 5G, l'Anses s'est saisie du dossier et estime à ce stade qu'il n'existe pas de conséquences de cette nouvelle technologie sur la santé publique. Ce qui doit plutôt retenir notre attention, c'est l'émergence en droit d'un préjudice d'anxiété. Les tribunaux n'hésitent plus à prendre en compte la peur des requérants. Au départ, le préjudice d'anxiété est conçu pour dédommager les salariés qui ont été exposés à un danger reconnu, comme l'amiante. Ces personnes sont confrontées au risque de déclaration d'une maladie et ce risque produit une inquiétude permanente. Peu à peu, certaines juridictions ont consacré le principe d'un préjudice d'angoisse. La frontière est mince, entre anxiété et angoisse, mais nous sommes passés de la justice civile à la justice administrative pour revenir au juge judiciaire. Un tribunal a décidé de faire droit aux prétentions de riverains d'une antenne-relais de téléphonie qui en réclamaient le démantèlement. Les quelques décisions prises dans ce sens se sont toutes fondées sur la théorie des troubles de voisinage, « nul ne doit causer à autrui un trouble anormal de voisinage », en l'absence de toute atteinte corporelle des requérants. Ces histoires en disent long sur le climat de doute à l'égard des innovations technologiques et révèlent une opinion inquiète et influençable.

Les fausses solutions

La piste des énergies dites alternatives ou durables, c'est-à-dire renouvelables, est explorée depuis plus de cinquante ans. « Dans l'écologie, dit Loïk Le Floch-Prigent, ingénieur et ancien dirigeant de la compagnie pétrolière ELF attentif aux questions d'énergie, il y a d'abord la peur du nucléaire. » La France a fait le choix du nucléaire, d'abord sur le plan militaire, dans le cadre de sa politique de dissuasion ; puis, au moment de la crise des hydrocarbures, dans les années 1970, dans le domaine civil. Ce choix a été consacré par le général de Gaulle, endossé par ses successeurs et piloté par le Commissariat à l'énergie atomique (CEA). La promesse est alors celle de l'indépendance énergétique, d'une énergie universelle et bon marché. Elle sera tenue, en dépit des débats actuels sur le coût complet du kilowatt nucléaire. La France est incontestablement un pays nucléaire. Les centrales sont suivies par l'Autorité de sûreté nucléaire (ASN) qui, après enquête, a accepté de prolonger leur durée de vie. Les experts rappellent qu'aucun incident sérieux ne s'est produit depuis le lancement de la production, ce qui est en soi un exploit industriel remarquable.

Nul ne peut aujourd'hui sérieusement prétendre que le nucléaire est dangereux. Nul ne peut davantage avancer qu'il contribuerait d'une façon ou d'une autre aux émissions de gaz à effet de serre contre lesquelles nous devons lutter sans relâche. Dès le début, pourtant, les écologistes ont manifesté leur hostilité à l'égard de cette énergie produite par fission nucléaire. Comment l'expliquer ? Le nucléaire a d'abord été militaire, il est donc suspect. Le mouvement est puissant en Allemagne, dans un pays où la science et les scientifiques ont servi les intérêts du régime nazi. La culture scientifique est encore faible dans les pays européens, et les blouses blanches, les combinaisons des chercheurs autant que le principe même de l'expérimentation effraient des opinions peu préparées. En France, la politique nucléaire est massive. C'est aussi l'une des dimensions qui sèmera l'effroi dans les rangs écologistes, et auprès d'une jeunesse pacifiste et plus préoccupée de politique que de science.

La France s'est engagée sans retenue dans la filière nucléaire. Un témoin de l'époque raconte que les physiciens étaient obsédés par la taille et la recherche de rendements croissants. « Il faut faire gros pour que ça marche » car ce qui compte avant tout dans le domaine de l'énergie, c'est la question du rendement.

Nos physiciens ont été élevés dans le culte de la performance. Or, le gigantisme est un carburant très efficace des peurs collectives, et les groupes écologistes, en associant nucléaire et têtes de mort, parviennent à semer le doute. Et si nous prenions des risques inconsidérés ? La menace de la catastrophe trouve d'abord un écho modeste dans l'opinion française, mais elle s'installe.

C'est toujours ce sentiment qui domine dans les rangs écologistes. D'abord chez EELV. Être pronucléaire dans ce parti reviendrait à être agnostique à la Conférence des évêques de France. Même Corinne Lepage, ancienne ministre de l'Environnement sous Jacques Chirac et Alain Juppé, est antinucléaire. Elle doit donner des gages. C'est d'ailleurs une situation très symbolique. Les écologistes pronucléaires ne sont pas considérés comme de vrais écologistes. Ils se cachent sur les réseaux sociaux et prennent la parole avec des airs coupables. Quelques voix isolées, en général celles de scientifiques bien formés, y compris proches des idées écologistes, estiment que le nucléaire est un formidable outil de souveraineté et de transition vers un monde d'énergies décarbonées. Deux auteurs savants, Dominique Louis et Jean-Louis Ricaud, expliquent dans un ouvrage très documenté[1] que le nucléaire est la seule solution efficace pour répondre à une demande croissante d'énergies (y compris pour la bonne cause). Avec une humanité de 10 milliards d'individus entre 2050-2070, selon les diverses études démographiques, ce qui est une hypothèse très raisonnable compte tenu de la croissance de la population africaine, la consommation mondiale d'énergie augmentera de 50 %.

1. *Énergie nucléaire, le vrai risque*, Fayard, 2021.

Simultanément au nucléaire, la France a développé une filière d'hydro-électricité dont la capacité de production est marginale. L'usine marémotrice de la Rance, en Ille-et-Vilaine, inaugurée en 1966, figurera dans les livres de géographie et demeurera pendant quarante-cinq ans la plus grande usine au monde de ce type, avant d'être détrônée par un ouvrage sud-coréen. L'hydraulique représente aujourd'hui autour de 10 % de notre production nationale d'électricité. Il faut se tourner vers d'autres sources d'énergie potentielles. La France a créé un Commissariat à l'énergie solaire en 1978, qu'elle a fusionné avec d'autres organismes en 1982 pour créer l'Ademe (Agence de l'environnement et de la maîtrise de l'énergie). La filière est pauvre, elle ne sera pas développée comme une priorité énergétique française.

L'éolien, lui, apparaît avec le Grenelle de l'environnement, porté par le président Chirac et le ministre Jean-Louis Borloo, et son émergence est loin d'être gratuite, compte tenu de ses très faibles rendements. L'éolien est né en Europe du Nord, d'abord au Danemark puis en Allemagne. Greenpeace milite activement pour l'implantation de champs d'éoliennes. L'ONG a toutes les raisons d'aimer l'éolien, puisqu'elle y a des intérêts capitalistiques, des investissements sur vingt-cinq ans avec un rendement de 12 % par an. Bonne affaire pour Greenpeace, mauvais choix énergétique pour le pays. Le rendement des éoliennes est très faible et leur bilan carbone désastreux. « On se disait que c'était vertueux, commente, amusé, Loïk Le Floch-Prigent, et du coup on oubliait tous les autres défauts. Le coût réel, l'efficacité et accessoirement l'esthétique. » Non seulement les éoliennes dénaturent les paysages, mais elles produisent peu d'électricité et les conditions de leur installation devraient affoler toutes les consciences écologistes éveillées. Pour l'éolien terrestre, des carottages de plus de huit mètres sont nécessaires pour planter un mat. Plus il est haut, plus il est efficace. La carotte en béton armé est un véritable repoussoir pour la biodiversité. La faune quitte le territoire des champs d'éoliennes et n'y revient jamais ! Qu'importe, dit l'Office français de la biodiversité, il faut savoir faire des compromis ! La bonne blague… Les externalités négatives des champs d'éoliennes sont assez largement documentées, ce qui n'empêche pas la France de persister dans cette course folle aux moulins à vent inutiles et coûteux[1]… Le pays compte huit mille éoliennes sur son territoire. Vingt mille sont prévues à l'horizon 2028. Pire, un projet de parc éolien est lancé en baie de Saint-Brieuc dans les Côtes-d'Armor : soixante-deux éoliennes en mer, hautes de plus de 200 mètres. Un ravage pour le paysage et un naufrage financier. La France a déjà dépensé 40 milliards d'euros. Le seul gagnant, à ce stade, est la société espagnole Iberdrola, chargée de l'installation des équipements avec des recettes garanties supérieures à 4,5 milliards. Les éoliennes constituent un scandale écologique et financier grandeur nature, mais une fois embarqués dans une impasse, il est toujours difficile de faire marche arrière, sauf à admettre ses erreurs, ce que les politiques ont du mal à faire !

La pression constante des écologistes en faveur des énergies dites renouvelables conduit à des aberrations écologiques et économiques. Le 21 avril 2021, le projet de loi PPE (Programmation pluriannuelle de l'énergie) 2019-2028 est adopté. Il prévoit d'accélérer le

1. Les associations de défense des animaux estiment que soixante mille oiseaux sont tués chaque année par les éoliennes.

développement de l'éolien. Le pays choisit de subventionner massivement un mode de production électrique défaillant, intermittent, très faiblement productif, avec l'argent des contribuables ponctionné grâce à la CSPE (Contribution au service public de l'électricité). Les éoliennes produisent 3 % de l'électricité en France et fonctionnent (mal) environ un quart du temps. Où est le progrès ? Pour l'éolien en mer, la salinité de l'air induit des besoins de maintenance élevés ; pour éviter la corrosion, on utilise des aimants néodymes, fabriqués à partir de terres rares. Le public sait maintenant que les pales d'éoliennes sont fabriquées en Chine. Elles ne sont pas recyclables. Denis Payre, entrepreneur français préoccupé par les enjeux d'une mondialisation plus harmonieuse et plus équitable, raconte ses expériences de chef d'entreprise dans *Le Contrat mondial*[1]. Il dénonce la concurrence déloyale de ses concurrents chinois : « Ils font travailler des enfants dans les mines du Congo pour en extraire des terres rares. Ces enfants travaillent pour 25 centimes de l'heure, sans masque, sans protection. Le cobalt est ensuite acheminé en Chine, où il est raffiné par des salariés qui ne disposent d'aucun droit syndical et qui produisent pour des salaires dix fois inférieurs aux nôtres ! » L'écologie sociale et solidaire trouve-t-elle son compte dans cette terrible escroquerie humaine et technologique ? On a menti aux Français sur cette technique de production de l'électricité, et on continue de le faire en dépit des rapports accablants sur l'éolien. Pour séduire sans aucune garantie quelques voix écologistes, le gouvernement emmène tout le pays dans le décor et engage des investissements hasardeux dont nos enfants devront solder les comptes. Entre

1. First, 2021.

l'énergie théorique affichée par le constructeur et la réalité de la production, seul juge de paix crédible, le rapport est accablant : quatre gigas théoriques pour un giga livré. Quel chef d'entreprise sensé accepterait d'investir dans un outil dont il sait que le rendement optimal sera du quart de la capacité de production ?

Dans le secteur de l'énergie où s'expriment des sciences dures, il y a ce que l'on aimerait croire et ce qui est. Dans l'hypothèse la plus favorable, celle de rendements plus élevés, l'éolien et le solaire sont des sources d'énergie intermittentes. Or, le marché de l'énergie est un marché du temps réel. Il faut produire et livrer au moment où la demande s'exprime. En l'absence de solution robuste de stockage, les énergéticiens sont condamnés au modèle de la production instantanée. De surcroît, le réseau français actuel ne supporte pas les à-coups. Pour l'adapter à l'introduction d'énergies intermittentes, il faudrait investir plusieurs centaines de milliards d'euros ! Et pour quels bénéfices ? Début 2021, un rapport de l'Agence internationale de l'énergie (AIE) évalue l'objectif d'un modèle 100 % renouvelable. Pour compenser la variabilité des énergies renouvelables et intermittentes, il conviendrait de remplir simultanément quatre conditions, nous dit ce rapport : assurer la stabilité du réseau, son aménagement en vue d'accepter les flux entrants, reconstituer des réserves et des marges d'approvisionnement. Le patron du directoire de RTE (Réseau de transport électrique) précise que les conditions à remplir sont strictes et cumulatives[1].

Un modèle 100 % renouvelable est donc théoriquement possible dès lors que l'ensemble des obstacles

1. *Le Monde*, 28 janvier 2021.

techniques auront été levés. Une partie de la feuille de route procède de l'expérimentation. Pour dire les choses simplement, on pense que « ça marchera » mais « on n'a jamais essayé ». Il faut de ce point de vue rompre avec les politiques timides que les écolos ont eux-mêmes inspirées en jouant sur les peurs, et tout tenter pour aboutir à un modèle vertueux. Nous considérerons collectivement les surcoûts comme de l'investissement pour l'avenir et pour nos enfants ! En attendant, le nucléaire est la seule énergie décarbonée disponible pour assurer la transition vers un modèle renouvelable.

La solution économique et écologique aux problèmes de production de notre énergie mérite une réflexion plus aboutie que celle fournie par EELV sur le tout-renouvelable. On pensait la formule magique obtenue grâce aux éoliennes et aux champs photovoltaïques, mais un détail vient refroidir nos ardeurs ! Un expert incontestable, le président du cabinet Quintet Conseil, Antoine Foucher, nous met au pied du mur. Pour tenir les engagements de limitation du réchauffement climatique à 2 °C, d'ici à 2050, il conviendrait de « remplacer 65 % de l'énergie carbonée actuelle et en même temps d'accompagner une croissance mondiale annuelle de 2,5 % (moyenne des années 2010)[1] ». Ceci supposerait de « dégager 600 exajoules supplémentaires d'énergie carbonée[2]. Pour donner un ordre de grandeur, cela reviendrait à recréer vingt fois le parc éolien et solaire mondial » ! Poussons le raisonnement un peu

1. Antoine Foucher, « Climat, les fausses promesses de la croissance verte », *Les Échos*, 19 janvier 2021.

2. Unité de mesure pour quantifier l'énergie. Une calorie vaut 4,186 joules. L'exajoule est une unité de mesure internationale valant 10 joules.

plus loin : pour rester à 1 °C de réchauffement, sur les mêmes bases, il faudrait dégager 400 exajoules, soit seize fois le parc nucléaire mondial actuel. Dans les deux cas, il s'agit d'une mission impossible.

Quelle est la porte de sortie ? D'abord, des investissements massifs dans l'innovation, et la chasse aux mégawatts inutilement consommés. La décroissance est un leurre. Elle cumulerait l'absence de solution satisfaisante sur le plan énergétique et les horreurs d'une crise sociale majeure et sans doute mortifère. Si nous sommes condamnés à un atterrissage en douceur, l'espoir existe. Écoutons Jean-Marc Jancovici, ingénieur de l'École polytechnique, membre du Shift Project, sur la transition entre un modèle très carboné comme celui que nous avons surutilisé depuis la fin du XIXe siècle, et la montée en charge progressive des énergies renouvelables, quand elles auront atteint l'âge adulte. Interrogé par la Fédération des mines et de l'énergie Force ouvrière début 2021, il évoque les contradictions du débat sur la transition : « Aujourd'hui nous avons deux objectifs antagonistes dans la façon d'organiser la politique énergétique en Europe : la baisse du nucléaire et la baisse des émissions de CO_2. Le nucléaire étant le mode le plus efficace pour produire de l'électricité décarbonée, le fait d'en baisser la part dans la production électrique nationale est contre-productif si nous cherchons par ailleurs à décarboner les électrons. À cela, nous avons ajouté une deuxième contradiction, qui est de vouloir piloter une politique de long terme (la décarbonation) en confiant à un marché myope par construction le soin d'y parvenir. »

Les nouveaux Verts

Les dirigeants des ONG et des partis écologistes partagent souvent trois attitudes : d'abord une défiance à l'égard de la légalité. Dans leur esprit, la loi n'est pas une frontière ou une limite. Elle peut être transgressée au nom d'un principe de légitimité supérieur. Ils baignent dans une culture « minoritariste ». Le fait d'être minoritaires, voire très minoritaires ne les gêne nullement ; au contraire, l'extrême gauche activiste privilégie les actions commandos par rapport aux combats institutionnels. Enfin, troisième élément dans l'ADN commun de ces activistes souvent radicaux, et c'est évidemment lié aux deux premiers facteurs, ils défendent avant tout la pureté idéologique ; ils détestent les compromis, quitte à perdre ils veulent rester purs, et c'est aussi ce qui marquera à ce stade les limites de leur influence.

Benoit Hartmann, géographe, adhérent de FNE (France Nature Environnement) de 2009 à 2017, a travaillé à la mairie de Paris entre 2001 et 2009, qui fut, et reste sous Anne Hidalgo, un havre de paix et de tranquillité pour les militants écolos. Déjà, à cette époque, les élus et militants écologistes le traitaient avec condescendance de « réalo » (pour réaliste). Il excuse les erreurs de jeunesse des Verts : « Le dogmatisme est un péché de jeunesse, mais en effet certains d'entre eux (elles, aussi) basculent dans une forme de religiosité[1]. » Les écolos se sont construits dans la déception. Le mouvement rassemble notamment les déçus du marxisme, les déçus de la gauche, les déçus du centre. Beaucoup se sont retrouvés chez les Verts avec une fibre

1. Entretien avec l'auteur, mars 2021.

de gauche très prononcée et un degré de déception ou de désillusion élevé. Il faut dire que la gauche socialiste, dite humaniste, s'est assez vite convertie aux codes du luxe pendant les mandats de François Mitterrand. Aux États-Unis, on parle de la « gauche 5e Avenue » (*5th Avenue Liberals*). Les costumes sur mesure de chez Arnys, les souliers de grand luxe, les voyages exotiques à La Havane, vitrine paradisiaque de la « gôche » révolutionnaire mais enfer d'une jeunesse vouée pour partie à la prostitution touristique, les beaux appartements de la rive gauche et l'entre-soi. François Fillon est tombé pour ses costumes offerts chez Arnys, Pierre Moscovici, lui, y a survécu ! La gauche socialiste s'est convertie au Premium et elle a laissé sur le bord de la route tous ceux qui l'avaient suivie pour en effet « changer la vie » ! Elle a produit ses propres « effets de bord », comme dirait Emmanuel Macron, en oubliant ses engagements.

Tout au long du XXe siècle, l'histoire commune du parti socialiste et surtout du parti communiste s'est bâtie sur la base d'un logiciel productiviste. La question n'était pas de discuter la croissance mais plutôt le partage de la croissance. Les écologistes ne pouvaient pas s'y retrouver. Ni sur les idées ni sur la pratique du pouvoir. L'essayiste Nicolas Baverez fait le même constat[1]. En Allemagne, l'histoire a produit le mouvement écologiste, il est né d'une volonté. En France, il s'agissait plus d'un conglomérat, voire d'une « succession de sectes », une sorte de nuée groupusculaire.

France-Allemagne ? Le résultat ne pouvait pas être le même. Et quand on fait observer à Nicolas Baverez que les Verts allemands sont « réalos », comme dirait

1. Entretien avec l'auteur, mercredi 27 janvier 2021.

Benoît Hartmann, ouverts au travail sur la génétique végétale par exemple, il conclut que l'exercice du pouvoir les a changés : « Ils gouvernent, dans les *Länder*, là où se trouve le pouvoir sur des sujets très concrets, ils ont éprouvé la réalité de la gouvernance et c'est ce qui fait la différence. Ils sont capables de passer des compromis pour faire avancer les choses. » Le mode de scrutin allemand, la proportionnelle, permet l'émergence de mouvements politiques minoritaires. En Allemagne, le pouvoir est exercé par des alliances. En France, en revanche, le scrutin majoritaire condamne les petits partis à l'opposition éternelle, sauf dans le cas de coalitions électorales de circonstances, comme le gouvernement de la gauche plurielle autour de Lionel Jospin (1997-2002) puis, entre 2012 et 2014, dans la première partie du mandat de François Hollande, dans le cadre d'un gouvernement associant des socialistes et quelques écologistes, dont Cécile Duflot. Cette dernière expérience de gouvernance en commun a d'ailleurs mis en lumière les fractures d'abord invisibles puis évidentes entre des sociaux-démocrates et les héritiers d'une gauche ouvrière chrétienne devenue écologiste, sans doute moins « réalistes » mais plus exigeants sur les principes !

Les écologistes allemands demeurent toujours très hostiles au nucléaire, ils partagent quelques-unes des convictions de nos écologistes français, mais ce qui fonde la différence entre les deux familles, c'est avant tout le travail de terrain. Comme pour confirmer cette thèse de la *praxis* (activité en vue d'un résultat donné), on s'amuse à recenser les mesures idiotes prises par les nouveaux maires écolos français. Des mesures symboliques, voire des mesures gadgets, sur la question de savoir s'il faut supprimer le sapin de Noël à Bordeaux, sur la masculinité (forcément coupable) du Tour de France, etc. Le bon sens évoque la chance des débutants, mais on constate qu'il y a aussi les bourdes des débutants ! Les mesures idiotes et symboliques s'oublient. En revanche, certains maires écolos prennent des mesures très contestables, comme en 2021 le maire de Grenoble, Éric Piolle, écologiste issu du courant de la gauche chrétienne, qui semble se soumettre aux trafiquants de drogue dans un dossier très local. De quoi s'agit-il, à l'époque, dans cette affaire qui va défrayer la chronique ? Une crèche de la municipalité est située à côté d'un squat où les trafiquants et leurs clients se retrouvent. Ce type de commerce donne lieu à des débordements. Il attire des personnes dangereuses et souvent violentes. La cohabitation petite enfance-trafic de drogue n'est pas durable, d'autant que des dealers menacent le personnel de la crèche, qui exerce alors son droit de retrait. La municipalité décide de fermer momentanément la crèche. Nul ne peut soupçonner Éric Piolle de sympathie pour les trafiquants de drogue. La police, en revanche, estime que la politique du maire n'est pas à la hauteur des enjeux. Le syndicaliste policier Brice Gajean, d'Unité SGP Police, déclare sur Europe 1 : « On n'entend pas le maire de Grenoble en ce moment. On a déjà eu des débats avec lui sur des faits qui se sont passés dans des quartiers de la ville [*violences et trafics divers*, NDLA]. Visiblement, la police n'est pas sa priorité, ni la délinquance, ni la sécurité de ses concitoyens. » Le parti écologiste est silencieux. Les questions de sécurité sont très éloignées de ses priorités.

Éric Piolle s'est fait connaître du grand public par une formule étrange contre la technologie de la 5G au cours d'un « Grand Jury » LCI-RTL-*Le Figaro*, en juillet 2020 : « Je vais faire un peu de provocation, mais grosso modo, la 5G, c'est pour regarder du porno sur votre téléphone, même quand vous êtes dans un ascenseur, en HD. » Piolle dénonce une espèce de fuite en avant technoscientiste. Venant de la part d'un ingénieur, la sentence est lapidaire. Le maire de Grenoble doit savoir que les applications décisives de cette nouvelle technologie seront d'abord à usage professionnel. Pourquoi se focaliser sur l'usage personnel de la 5G ? Pourquoi ne pas admettre qu'elle permettra de soulager le travail pénible dans les usines, de décongestionner les villes, d'améliorer l'usage des réseaux, de réduire la consommation d'énergie, d'éviter des déplacements en train ou en avion… La liste des applications est longue. Pourtant, Piolle choisit de frapper l'opinion par le tout petit bout de la lorgnette. En Allemagne, la révolution numérique est au contraire l'un des points forts du programme des Grünen. En France, tous les maires verts ont demandé un ajournement, des études complémentaires sur la 5G, comme ces mêmes personnes l'avaient fait pour le passage de la 3G à la 4G. L'histoire se répète chez les écologistes français, à moins qu'elle ne fasse du sur-place. Grenoble est devenue au fil du temps une des villes étapes de la *cancel culture* déjà évoquée, et de sa cousine germaine, la *woke culture*, cette culture qui entend revenir sur l'histoire et sur sa lecture. Un mois décolonial, autour d'un cycle de conférences sur « l'imaginaire postcolonial », est organisé dans quatre structures locales de la ville au début de l'été 2021. Ces conférences sont en réalité des procès à charge contre les anciennes puissances coloniales, dont la France. Survie, une association de lutte contre la Françafrique, en est à l'origine avec une association d'étudiants de Sciences Po Grenoble. Des voix dont celle de la Licra se lèvent pour dénoncer « la pensée décoloniale qui distille une idéologie aux relents totalitaires en utilisant des techniques de propagande, en réintroduisant *la race* et en stigmatisant des populations de couleur comme coupables ou victimes, en s'appuyant sur une réécriture insidieuse de l'histoire ». La Ligue contre le racisme et l'antisémitisme regrette une « dérive locale et un branle-bas de combat avec le soutien de la ville de Grenoble ».

La municipalité est gênée aux entournures. Piolle, candidat malheureux à l'investiture écologiste pour l'élection présidentielle de 2022, comprend le danger. Les organisateurs, interrogés sur leurs relations avec les élus municipaux, déclarent que ceux-ci « semblaient favorables au projet » au moment où ils ont été sollicités pour une demande de subvention. La tournure des événements et l'émotion soulevée par la profession de foi des organisateurs les incitent cependant à faire volte-face. Sous la contrainte, la mairie doit publier un communiqué quelques jours avant les premières rencontres, pour dire qu'elle « n'a jamais été partenaire de l'événement ». Je me suis entretenu personnellement avec Éric Piolle, en face-à-face, dans les locaux du groupe TF1-LCI, le jeudi 1er juillet 2021, peu avant une émission à laquelle il participait. Ses explications sont les suivantes. Il m'a indiqué qu'il trouvait légitime ce genre de débats mais que la mairie n'avait jamais pris la décision de soutenir ces rencontres décoloniales et que, dès lors, les organisateurs ne pouvaient pas se prévaloir du soutien même implicite de la mairie. Les organisateurs du mois décolonial ont en réalité fait évoluer la programmation des rencontres pour durcir les sujets abordés. Le journaliste activiste franco-algérien Taha

Bouhafs est annoncé pour participer à une table ronde sur le thème des « violences policières ». Taha Bouhafs milite au sein du comité Adama, animé par la sœur d'Adama Traoré, ce jeune homme mort le 19 juillet 2016 à la suite d'une course-poursuite avec les forces de l'ordre dans le département de l'Oise. Il tentait d'échapper aux gendarmes lors d'une opération qui visait l'un de ses frères, soupçonné d'extorsion de fonds. Des émeutes avaient suivi le décès d'Adama Traoré et un comité avait été constitué pour demander la lumière sur les causes réelles de sa mort. L'affaire Traoré est vite devenue une affaire politique, dans laquelle on retrouve des proches du parti des Insoumis et des écologistes comme Sandrine Rousseau[1]. Le 26 mai 2018, une grande manifestation est organisée à l'appel notamment de LFI, le mouvement de Jean-Luc Mélenchon, pour réclamer la fin de la « gestion coloniale » des quartiers. Taha Bouhafs est de tous ces mouvements. Il ne ménage pas sa peine et finit par toucher le gros lot en filmant le garde du corps du président Macron, Alexandre Benalla, le 1er mai 2018, place de la Contrescarpe à Paris, portant renfort dans des conditions curieuses à des policiers contre un couple de manifestants qui les attaquaient.

Taha Bouhafs, Rokhaya Diallo, elle aussi très engagée dans les luttes dites « anticoloniales », les personnalités invitées laissent peu de doute sur l'esprit du « mois décolonial ». Un examen encore plus attentif du programme de Grenoble permet de lever les derniers doutes : « décolonisons les arts », « écologie

1. Le 8 septembre 2021, lors du débat de la primaire écologiste, elle affirme soutenir le combat d'Assa Traoré.

décoloniale » ou encore « racisme systémique ». L'écologie est devenue une sorte de lessiveuse de la contestation. Vous achetez la lutte contre le réchauffement et vous héritez en même temps de la contestation militante de l'histoire, des luttes intersectionnelles et du féminisme anti-hommes. En dirigeant la ville de Grenoble, Éric Piolle, comme les autres maires écologistes, a appris les contraintes du commandement et la gestion des alliances. Sa personnalité est multiple : une bonne formation de base, une famille catholique et une certaine dose de libertarisme. À la question, « auriez-vous voté dans un bureau tenu par une femme voilée » au lendemain du second tour des élections régionales en juin 2021, il me répond « oui » sans hésiter[1]. Éric Piolle cache-t-il ses vraies convictions ? À l'inverse d'autres dirigeants écologistes, il proclame sa foi dans le marché. « Je suis pour l'économie de marché, il n'y a pas d'autres solutions. Nous sommes tous d'accord là-dessus, y compris Jean-Luc Mélenchon. » Faisons-lui crédit.

Tous d'accord ? L'écologie est à cet égard une polyphonie économique. Le lundi 5 juillet 2021, Delphine Batho, présidente du mouvement Génération Écologie, annonce sa « candidature à la candidature » pour l'élection présidentielle de 2022. Elle explique sur BFMTV et sur les ondes de RMC que « la décroissance, ça n'est pas la récession ». En effet, c'est bien pire. La récession est un accident de la croissance, la décroissance est un mouvement volontaire de réduction de la production. Or, le financement de notre modèle social est à ce jour totalement indexé sur la production de richesses. Pour s'en convaincre, il suffit de mesurer le trou des comptes

1. « Perri Scoppe », LCI, 1er juillet 2021.

sociaux du pays, à l'issue d'une année et demie de crise pandémique au cours de laquelle l'activité a ralenti. Les caisses de retraite, dont la puissante Agirc-Arrco, ont dû puiser dans leurs réserves pour payer les pensions de leurs sociétaires. Bref, la décroissance présentée comme une arme fatale est aussi un terrible piège dans lequel se sont placés eux-mêmes les écologistes français.

Dans d'autres villes de France, comme à Bordeaux, des groupes radicaux dont Extinction Rebellion, proches des militants les plus durs d'Europe Écologie Les Verts, le parti à la tête de la municipalité, s'en prennent aux biens privés. Aujourd'hui, comme nous l'avons vu, ce sont les véhicules des particuliers jugés trop gros, trop puissants… mais demain ? Ils avertissent et menacent. Là encore, le maire et quelques-uns de ses adjoints ne se donnent même pas la peine de protester, en dépit des prérogatives du premier élu de la ville en matière de tranquillité publique. Non, ils comprennent, le maire en tête, que des militants s'en prennent à des véhicules présumés polluants. Franck Laval, l'un des pères de l'écologie en France, dans le sillage de René Dumont et proche de Brice Lalonde, revient sur la création du parti des Verts en 1983. « Nous avions des divergences sur l'opportunité de créer un mouvement politique. Yves Cochet voulait y aller. D'autres comme moi pensaient que l'écologie ne pouvait pas être emprisonnée dans un parti mais qu'elle devait être prise en compte par toutes les formations politiques[1]. » Yves Cochet plaidait à l'époque l'alliance obligatoire des Verts avec la gauche. Quand il devient ministre en 1997, il rencontre les réalités du pouvoir, nécessairement frustrantes pour un homme comme lui.

1. Entretien avec l'auteur, vendredi 28 mai 2021.

« C'était un vrai écologiste, convaincu, avec une fibre sociale prononcée, ajoute Laval, l'ancien compagnon de route. » Cochet ne plaide désormais rien d'autre que l'effondrement du monde, dans une vision catastrophiste de l'avenir. Les nouveaux Verts, tel Piolle, le maire de Grenoble, n'ont pas une vraie fibre écologiste comme pourrait l'avoir un naturaliste. « Leur cœur, commente Laval, c'est d'abord l'extrême gauche. » Piolle, ancien chef d'entreprise, doit-il faire oublier son passé de « capitaliste » ? Un journal local, *Le Postillon*[1], ironise : peut-on être opposé par principe aux paradis fiscaux et être actionnaire d'une entreprise qui vend des logiciels de gestion des risques à des professionnels de la finance souvent installés dans… des paradis fiscaux ? Raise Partner est une belle réussite. Il ne faut pas en avoir honte. « La finance n'est pas l'ennemi, mais il faut la mettre au service des citoyens », dit Éric Piolle. Sa femme doit penser la même chose, puisqu'elle est l'une des dirigeantes de Raise Partner.

Si Éric Piolle est apparu dans le *scope* médiatique en 2014, lors de son élection à la mairie de Grenoble, sa carrière politique démarre bien avant. En 1997, il est candidat « de la semaine des quatre jours » dans la 8e circonscription de l'Isère. Il n'obtient pas 2 % des voix. Il trouvera progressivement sa voie au conseil régional de Rhône-Alpes et comme conseiller municipal. Sa victoire en 2014 est aussi celle de l'alliance de tous les mouvements de gauche, y compris le mouvement écosocialiste et le Parti de gauche. Éric Piolle et Jean-Luc Mélenchon entretiennent des relations cordiales. Éric Piolle a passé des accords avec la gauche radicale. Son adversaire grenoblois, Alain Carignon, estime que

1. Numéro de décembre 2019-janvier 2020.

ses combats sont d'abord des combats culturels, « la planète vient dans un second temps, il est d'abord favorable à une société multiculturelle[1] ». Sur la gestion de la ville, Grenoble est « la première ville de France pour la pollution aux particules fines, la quatrième de France au titre des embouteillages. L'insécurité des personnes et des biens y est élevée et l'impôt local comme la taxe foncière ont explosé ».

Beaucoup d'élus écologistes à la tête des grandes villes ont inscrit leur action dans la surenchère ou les symboles. « Quand on a une bonne situation, quand on en croque, commente, amusé, un maire socialiste de grande ville, on est toujours obligé d'en rajouter, surtout quand on raconte aux militants et à ses électeurs que l'argent corrompt et que le marché est une aberration. » Les maires écolos font beaucoup de vent avec peu de choses. Ils aiment frapper l'opinion avec des symboles : les menus sans viande dans les cantines scolaires, l'opposition de principe à la 5G les cours d'école « dégenrées », mais pour reprendre leur vocabulaire, est-ce durable ? Un observateur bordelais fait observer : « Un an après son élection, rien ne sépare Hurmic de ses prédécesseurs. Il y a le discours et les faits. Et dans ce domaine, en dehors de quelques mesurettes, rien de nouveau » ! Le peuple écologiste n'est pas nécessairement représenté dans les mairies et dans le parti, mais il existe, affirme cependant Franck Laval. On le trouve moins dans les partis que dans les ONG, qui sont de vrais mouvements de masse. Greenpeace peut compter sur un réseau de militants et de sympathisants de plus d'un million de personnes à travers le monde ; L214, l'association rendue célèbre par ses films tournés dans les abattoirs, milite contre

1. Entretien téléphonique avec l'auteur, mardi 6 juillet 2021.

la consommation de viande et compte environ trente mille membres. C'est trois fois plus qu'Europe Écologie Les Verts (autour de 10 000 militants encartés), qui parvient pourtant à remporter des élections locales. On se trompe sur les chefs de file de l'écologie locale. Ces élus sont d'abord des militants d'extrême gauche à qui l'écologie et la défense de l'environnement offrent une couverture confortable.

Dans cette galaxie verte et rouge, une autre personnalité attire l'attention. Esther Benbassa est élue sénatrice en 2011. « C'est l'erreur tragique de Daniel Cohn-Bendit qui lui a mis le pied à l'étrier chez les Verts, dit Franck Laval, elle n'avait jamais parlé d'écologie de sa vie. Dès qu'elle a été élue, elle lui a craché à la figure. » Mme Benbassa n'est pas issue des grandes écoles de l'écologie politique. C'est une intellectuelle, franco-turco-israélienne, diplômée des universités de Tel-Aviv et de Paris, qui a enseigné dans le supérieur et publié seule ou avec son mari Jean-Christophe Attias de nombreux ouvrages très érudits sur le judaïsme. Ses adversaires, y compris au sein d'Europe Écologie, disent d'elle qu'elle est une juive antisémite ! Ses recherches universitaires servent de référence, mais c'est son parcours politique et surtout ses prises de position qui en disent le plus long sur ses convictions profondes. Elle incarne à elle seule la dérive d'une partie de l'écologie politique. Le 10 novembre 2019, elle défile à la manifestation contre l'islamophobie, dont on sait aujourd'hui avec certitude qu'elle a été lancée par des organisations de l'islam politique. On y retrouve toute la gauche radicale, dont Jean-Luc Mélenchon, qui en sera extrait après avoir été chahuté. Mme Benbassa se fait photographier avec une petite fille arborant une étoile et un croissant jaunes, afin de symboliser le caractère identique des persécutions subies jadis par les Juifs et aujourd'hui par les musulmans.

La photo fera le tour de la presse quotidienne et les images seront largement diffusées par les chaînes de télévision. La sénatrice n'en est pourtant pas à son coup d'essai. Elle est l'une des tenantes du dialogue judéo-musulman. Jusque-là rien de répréhensible, au contraire ! Qui peut prétendre que le dialogue est inutile, dans une société fortement racialisée, ethnicisée et frappée de divisions ? C'est plutôt la façon de conduire ce dialogue qui surprend. Mme Benbassa fait tribune commune avec le prédicateur radical Tariq Ramadan. Caroline Fourest m'affirme qu'elle aurait déclaré, lors d'une réunion avec ce dernier, que la France fait aux musulmans « ce qu'elle avait fait aux Juifs ». Dans une tribune publiée par le journal *Libération* en 2016, Esther Benbassa écrit que « le voile n'est pas plus aliénant que la mini-jupe ». La tribune est publiée alors que Laurence Rossignol, ministre des Familles, de l'Enfance et des Droits des femmes s'est émue du lancement par plusieurs grandes marques de tenues conformes au droit islamique. Les uns parlent de tenues pudiques, couvrant le corps et les cheveux, les autres de tenues islamiques. Mme Benbassa se demande, dans une tribune publiée sur le site du journal *Libération*, si la ministre de François Hollande est islamophobe ? Sûrement pas, écrit-elle, « ignorante du sujet qu'elle aborde en revanche, certainement. Ni plus ni moins que tant de politiciens qui préfèrent faire étalage de leurs préjugés et de leurs savoirs périmés. » Elle évoque un « féminisme de grand-mère inlassablement ressassé, peu en phase avec la vision que les femmes ont aujourd'hui de leur identité ».

Nous sommes loin de l'écologie et, pourtant, Mme Benbassa est l'une des voix de ce courant de pensée. Mme Benbassa fait l'impasse sur l'une des questions centrales du débat sur les tenues vestimentaires. La mini-jupe a symbolisé la libération du corps des femmes, une aspiration à la liberté qu'elles ont elles-mêmes revendiquée, alors que les tenues religieuses sont, pas toujours mais souvent, le produit d'une prescription sociale venant du père, du frère ou du mari. Il faut bien se demander comment de tels propos sont possibles dans une famille politique qui se revendique aussi libéral-libertaire et féministe, sauf à admettre que le port d'insignes religieux est un sous-produit des libertés individuelles et non un rituel cultuel ? En septembre 2021, Mme Benbassa est exclue du groupe écologiste au Sénat où elle siégeait, en raison d'accusations de harcèlement moral sur ses collaborateurs. Une enquête très sévère de Matignon relaie les plaintes d'une demi-douzaine de personnes employées par la sénatrice, qui évoquent le climat de terreur instauré par Mme Benbassa. La secte a ses codes, son itinéraire surprenant, fait d'oppositions (le nucléaire, la 5G, les traitements phytosanitaires) et de conservatisme (le maintien de la nature en l'état, la conformité aux prescriptions de l'islam). La planète écolo fait voisiner des personnalités très différentes, les unes attachées aux valeurs de la nature, les autres hostiles au marché et aux innovations, et enfin les troisièmes, militantes des minorités dites opprimées. Le trait commun entre ces courants, c'est d'abord la défiance à l'égard de l'homme et le primat de considérations assez peu universalistes. L'écologie rassemble ici celles et ceux qui contestent les règles culturelles majoritaires de notre société.

Pour une approche économique des problèmes écologiques

La gauche écologiste est-elle une gauche durable ? Face à l'émergence de ce courant dans notre vie politique, la tentation peut être de répondre par la caricature, ou le déni. Nous aurions tort de rejeter d'un revers de main les questions posées par les écologistes. Ces questions sont souvent pertinentes, même si les réponses sont faiblement documentées et définitivement orientées par un prisme anticapitaliste. Un Bertrand Piccard, que nous avons déjà cité, est capable de porter un discours très radical sur les questions environnementales, c'est-à-dire un discours réaliste, sans concession, et en même temps de parler aux chefs d'entreprise comme au monde des affaires. On ne fera pas d'écologie contre le marché, telle est la leçon essentielle des dix dernières années. Tous ceux qui veulent rompre avec le modèle actuel ne peuvent vendre que la décroissance et la misère, dont personne ne voudra. La politique, c'est aussi l'art du faisable.

Selon Franck Laval, la société doit s'interroger sur une double problématique. D'abord et avant tout, les questions de santé. « Une pétition pour réclamer la transparence sur les perturbateurs endocriniens a recueilli 1 150 000 signatures, dit-il, c'est un signal dont il faut tenir compte, y compris pour ceux qui ne sont pas écologistes. Les électeurs Verts votent pour un package dans lequel on trouve toutes sortes de sujets, pêle-mêle le nucléaire, la lutte contre les pesticides et la 5G, et l'islamo-gauchisme en paquet-cadeau, mais il y a toujours un ou deux points de préoccupations plus saillants[1]. » La santé en fait partie. Et c'est sérieux. Les perturbateurs endocriniens sont des substances ou des mélanges de substances de nature à interférer avec notre système hormonal. De nombreux travaux ont été réalisés sur les effets probables des perturbateurs, dont le premier en vente libre est la pilule contraceptive utilisée par des millions de femmes. Nous voilà revenus dans le domaine des sciences du vivant. Leur complexité laisse la place aux histoires les plus folles. C'est dans cette nuée de connaissances encore floues, où les choses sont suspectées, que le doute gagne du terrain. La confiance est l'un des ingrédients du progrès. Sans confiance dans la science, le progrès est suspect.

Sur quelques-uns des grands sujets de souveraineté, la France doit prendre position, notamment sur la sécurité de ses productions alimentaires. Les mesures d'interdiction ont montré toutes leurs limites. Elles sont de mauvaises réponses à de bonnes questions. La France s'est donné un délai avant l'interdiction du glyphosate. À ce jour, aucune solution alternative n'a été trouvée. Reconnaissons à Emmanuel Macron et à son ministre de l'Agriculture, Julien Denormandie, le courage d'avoir enfin reconnu l'impasse technique et identifié les risques pour le pays. Le risque d'éteindre des filières de production française et celui de dépendre de fournisseurs étrangers moins regardants que nous. Aujourd'hui et pour longtemps, la question des questions est celle de l'autonomie. Nous ne pouvons pas être souverains et autonomes sur tout, mais nous pouvons choisir nos dépendances et le périmètre de notre souveraineté. La France est un très grand pays agricole.

1. Entretien avec l'auteur.

Elle dispose d'une surface cultivable importante, de géographies diversifiées, entre ses littoraux, ses plaines fertiles, ses zones de moyenne montagne et ses alpages. Ses agriculteurs sont parmi les plus savants des grandes nations, attachés à la qualité de leurs productions, respectueux du patrimoine alimentaire et gastronomique français. Toutes les enquêtes internationales désignent l'agriculture française comme la plus sûre du monde. Pourtant, au cours des dernières années, la France a plus importé qu'elle n'a exporté de productions agricoles. Insensé et déroutant ! La faute à qui ? Aux responsables politiques, d'abord, qui privilégient un discours lénifiant sur la défense du pouvoir d'achat des consommateurs depuis quarante ans, comme s'il ne s'agissait que de payer toujours moins cher ; la faute aussi aux distributeurs, qui se livrent à une guerre des prix suicidaire pour des filières d'excellence ; et la faute enfin à nous, consommateurs, incapables que nous sommes de délimiter clairement les achats essentiels et le superflu. Nous avons perdu le sens de la valeur et, pour donner le change, certains d'entre nous cèdent à des modes comme la consommation bio. La vérité scientifique, peu audible malheureusement, oblige à dire à ces consommateurs que le bio utilise lui aussi des molécules de traitement des plantes, comme le sulfate de cuivre, qui pollue les sols, ou l'huile de neem, classée comme perturbateur endocrinien. Le bio se distingue par ses techniques de culture mais il faut bien admettre que sa qualité est très variable.

L'imposture consiste ici à vendre du bio produit à l'étranger dans des conditions de culture discutables, sur la base d'un cahier des charges peu exigeant. C'est la première critique qu'on peut adresser au bio venu de l'autre côté des océans. Mais il y a peut-être pire, en matière de tromperie. Le bio français utilise des molécules de traitement des plantes. Une pomme « verger responsable » est au moins aussi saine qu'une pomme bio. Mais, il existe un lobby du bio qui fait ses choux gras des prescriptions en faveur de la consommation de produits issus de cultures biologiques. Les dirigeants écologistes ont tous ce mot à la bouche, comme s'il s'agissait d'un sésame. « Bio » par ci, « bio » par là. « Bio » matin midi et soir, y compris dans les cantines scolaires... Le bio, le vrai bio est un privilège bourgeois, souvent hors de prix. Qui peut bien y gagner ? Le bio est vendu très, voire trop cher.

Il a d'abord dopé les marges des distributeurs car son coût de production est très largement subventionné par l'État, à travers des aides à la transformation[1]. Derrière les campagnes de communication en faveur de ce modèle de production, se cachent, discrètement, des intérêts économiques qui profitent directement ou non aux partis et organisations écologistes. « Les pisseurs de glyphosate » et les associations de défense de l'environnement contrôlées par des militants écolos purs et durs se cachent bien de ces vérités. Elles sont pourtant incontestables.

Il est à l'évidence plus payant de vendre au public cette image désuète d'une Martine à la ferme qui véhicule tous les clichés éculés de la bonne agriculture d'antan. « La ruralité, explique Franck Laval, c'est un truc de citadins. » On ne va pas demander à nos paysans de jouer les jardiniers de l'espace. Ils sont là pour

1. Les subventions publiques faussent la sincérité des marchés et ont en général pour effet de faire monter les prix – ainsi le logement. Dans le bio, les distributeurs cherchent à récupérer les subventions allouées aux producteurs.

produire notre alimentation et pour assurer ce qui est au fond la base de la pyramide des besoins. Le modèle est à revoir avec l'accord de toutes les parties prenantes, dont les consommateurs. Que voulons-nous ? Un système dans lequel les porcs naissent à un endroit, sont ensuite transportés en Bretagne pour y être engraissés, puis transférés dans un abattoir allemand pour y être découpés, et renvoyés sous cellophane dans les linéaires de nos supermarchés, ou un modèle fondé sur la qualité, la traçabilité, le temps de la culture ou de l'élevage, la qualité plus que la quantité ? Ce débat devrait être conduit dans la raison et mériterait mieux que le face-à-face contre-productif actuel entre les présumés tenants de la grande industrie et les Verts, dont les arguments manquent de pertinence. Prenons l'exemple de la « ferme des mille vaches », dans le département de la Somme, à proximité d'Abbeville. Les opposants évoquent un projet de l'agro-industrie, comme s'il s'agissait d'une monstruosité, mais la question de la taille est-elle la bonne ? Parlons plutôt des conditions d'élevage, d'alimentation, de la sécurité de la production ou du bien-être animal. Les vaches se moquent d'être à dix, cent ou mille ; comme tous les êtres vivants, elles veulent vivre dans des conditions convenables, et rien, mais vraiment rien, ne démontre qu'elles sont plus maltraitées quand elles sont en grand nombre.

La deuxième grande question à laquelle nous sommes confrontés est celle de notre rapport aux autres êtres vivants. C'est une question philosophique. Le rapport des hommes aux animaux a changé. Au lendemain de la Seconde Guerre mondiale, en France, 80 % des animaux étaient voués au travail des champs ou à l'élevage. En 2021, 80 %

des animaux sont des animaux de compagnie ! Nous ne les voyons plus avec les mêmes yeux. Nous avons personnalisé nos petits compagnons, et ce changement de représentation induit des changements de valeur. Une certaine forme de sensiblerie prend le pas sur la fonction utilitariste des générations passées. Consommer de la viande chaque jour a été un standard de vie. La pensée émergente est celle du flexitarisme, un concept apparu dans les années 1990 aux États-Unis, sous la plume du chroniqueur du *New York Times* Marc Bittman, dans ses billets publiés sous le titre évocateur « The Minimalist ». En 2007, Bittman développe sa pensée dans une conférence dont le titre serait, en français : « Qu'est-ce qui ne va pas avec ce que nous mangeons ? » Le mot « flexitarisme » désigne le cas de personnes qui sont occasionnellement consommatrices de produits carnés. Consommer moins pour consommer mieux. Les hommes se soucient à bon droit du bien-être animal. Je suis de ceux qui pensent que la façon de traiter les animaux, y compris ceux que nous consommons, est un acte de civilisation.

L'écologie à la française ne se préoccupe pas d'économie, elle privilégie les dogmes comme celles et ceux qu'elle prétend combattre. Le pouvoir d'achat des consommateurs s'est bâti au prix de l'abandon de notre industrie au profit des économies émergentes, au prix de la dégradation des productions et de leur durabilité. Le productivisme comporte des coûts cachés, que nous payons, en fin de compte. Les écologistes veulent jeter le bébé avec l'eau du bain, pour reprendre la formule fétiche de l'économiste décroissant Serge Latouche, mais pour quelle alternative ?

La décroissance, nous l'avons vu, est une impasse sociale et un non-sens politique. Pour marier économie et croissance avec écologie, il faut au contraire accomplir la révolution des coûts complets ; autrement dit, il faut incorporer ce que les économistes appellent les externalités négatives dans le vrai coût des choses et donc dans leur vrai prix. Cette théorie postule l'idée qu'il existe au-dessus de tout ce qui se vend et s'achète des biens communs propres à l'humanité : l'air, l'eau, la santé par exemple. Elinor Ostrom, économiste américaine, a reçu le prix Nobel d'économie en 2009 pour son travail sur la gouvernance publique et sur les biens communs. Évoquant le dilemme social fondé sur l'analyse de l'intérêt personnel, elle montre que la quête de l'intérêt particulier peut porter atteinte aux biens collectifs, qu'ils soient matériels ou immatériels, et propose un ensemble de règles et de normes de nature à préserver ces ressources nécessaires à la vie de la société. Son travail présente un double caractère : économique, en conférant une valeur à des biens collectifs, et juridique, en suggérant l'autorégulation et les incitations de la gouvernance publique. Elinor Ostrom ne croit pas à la rationalité des individus ; elle considère que leur seule rationalité est la maximisation de leurs intérêts personnels.

Certains domaines ne sont pas « marchandisables ». Les biens communs ont la particularité de n'appartenir à personne en particulier et à tous en général. L'idée de la taxe carbone était un premier pas – le carbone n'est d'ailleurs pas fiscalisé à son vrai prix. Pour qu'une mesure soit efficace, il faut soit que le prix de sa violation soit suffisamment dissuasif, soit que la menace de sanction incite les opérateurs à investir pour s'y soustraire. Le Nobel d'économie William

Nordhaus se félicite du « grand succès obtenu sur le marché des permis d'émission des gaz soufrés aux États-Unis. Tout est une question de décision politique[1] ». Les amendes pour polluer ou pour saccager ne sont en général pas assez élevées pour impressionner ceux qui sont visés. On trouve cependant quelques exemples utiles dans l'histoire récente des catastrophes dites naturelles. Aux États-Unis, les sanctions pour faute dans le cas de marées noires responsables ont été renforcées. Les amendes sont à un niveau très élevé, de nature à ruiner une entreprise. La menace a convaincu les armateurs d'équiper leurs navires de doubles coques. Les États ont le pouvoir de frapper durement les criminels de l'environnement. Ils ne le font pas toujours. Comme le disait Napoléon, « quand on veut, on peut, quand on peut, on doit ».

Une enseigne de la grande distribution a choisi une profession de foi qui résume ainsi sa politique : le vrai prix des bonnes choses. Enlevez le mot « bonnes » et vous obtiendrez l'esprit et la lettre du coût complet. Notre comportement laisse une empreinte, et cette empreinte vient souvent consommer une partie des biens communs. L'enjeu des coûts complets est de donner le prix réel de l'usage d'un bien ou d'un service. Cet exemple aidera à comprendre. Un paquet de cigarettes est vendu autour de 10 euros. Plus de 80 % de son prix est constitué de taxes. Environ 6,50 euros reviennent à la Sécurité sociale. Cet argent finance en partie les soins prodigués aux malades du tabac. Les externalités négatives ont été prises en compte et le consommateur les finance. Ce qui est vrai pour le tabac devrait l'être pour tout.

1. Entretien publié dans *Le Point*, 27 mai 2021.

Au cours de son long cheminement intellectuel, le philosophe André Gorz, d'abord sartrien et marxiste, puis écologiste, s'inspire des phénomènes liés au productivisme, au pillage des matières premières et à l'accumulation des profits pour rappeler que la nature est le milieu de vie des êtres humains. Il dénonce la perte de sens économique qui, dans une société consumériste, évacue les externalités négatives de tous les phénomènes de production. Dans sa critique, Gorz associe marxisme et capitalisme, celui-ci étant le seul à subsister après la chute du communisme. Il cherche à le prendre à ses propres contradictions comme le fait aussi Nicholas Georgescu-Roegen, inspirateur de la décroissance. D'abord mathématicien, cet économiste américain d'origine roumaine écrit que « l'énergie d'un système clos tend inéluctablement à la dégradation thermique ». C'est l'effet marmite dans lequel nous sommes pris aujourd'hui. Gorz appelle à réinterroger la valeur y compris dans sa conception marxiste ; Roegen, lui, dénonce une croissance mère de tous les vices. Il va même un peu plus loin en assurant que l'humanité devrait réduire sa population jusqu'à pouvoir la nourrir uniquement par la seule agriculture biologique.

Les écologistes n'aiment pas beaucoup l'économie car elle est perçue chez eux comme la science du marché. C'est faire bien peu de cas de ses vertus. Une application rationnelle des règles de l'économie permet d'avancer les yeux ouverts. La science économique est de ce point de vue la science des incitations. Comment adapter l'impératif environnemental dans un pays comme le nôtre, à vocation touristique et agricole ? Il faut d'abord se décoller des étiquettes politiques. Les Verts sont de gauche ! Soit, c'est le cas de l'appareil, pas de tous les électeurs écologistes... Franck Laval se présente comme un conservateur de droite (conservateur au sens où il entend préserver ou conserver le capital naturel de notre environnement) ; pour les Grünen, être de droite ou de gauche n'a aucun sens. Les Verts allemands gouvernent dans les *Länder* allemands avec le SPD (parti social-démocrate), Die Linke (la gauche) ex-communiste, ou avec des conservateurs comme dans le Bade-Wurtemberg. Comme le proclamait en son temps Brice Lalonde : « Agir et pas gémir. » Voilà le défi auquel sont confrontés les militants et dirigeants écologistes, agir efficacement, serait-on tenté d'ajouter...

Conclusion

Libertaire sur les statuts et directive sur les comportements, la vision écologiste de la société tolère et dans certains cas encourage les revendications communautaires et identitaires, et entend concomitamment imposer un modèle de comportements conforme aux intérêts supérieurs de la nature. Nul ne conteste le soin que nous devons apporter à notre environnement. Nous l'avons dégradé, mais la décroissance ne le sauverait pas. Le projet écologiste est, à la différence des autres projets politiques, un projet de rééducation. Dans les cas les plus extrêmes, il fait preuve d'un certain cynisme et abandonne au passage la promesse humaniste de la politique. Le postmodernisme écolo peut même franchir des limites que nous pensions collectivement infranchissables. Pendant le confinement allemand, le maire écologiste de Tübingen, Boris Palmer, un homme de quarante-huit ans, choque l'opinion allemande en déclarant que le confinement « sauve des gens qui seraient morts dans six mois ». La chancelière Merkel lui rappelle que ces séniors ont consacré leur vie à bâtir le pays et à fonder la prospérité allemande.

Les écologistes et leurs amis et alliés des ONG veulent changer la société un peu comme les socialistes voulaient changer la vie avant le 10 mai 1981, date d'élection du président François Mitterrand. Ils veulent tout changer, radicalement, en commençant par les comportements. Or les temps ont changé, les psychologies aussi. L'urgence climatique offre un cadre favorable aux revendications écologistes. Elles s'expriment essentiellement dans les villes, où l'univers minéral renforce l'impact des étés très chauds. Depuis 1975, la population urbaine croît plus vite que le rythme naturel de la population globale. En 2050, les deux tiers de l'humanité vivront en ville. Les villes et les centres urbains asiatiques se renforcent, sous le coup de la transformation de ces économies, des champs vers l'industrie, puis de l'industrie vers les services, tandis que nos grands centres urbains français ont tendance à se « détendre ». Les urbains cherchent à sortir des grandes villes, pour trouver un peu d'air et un peu d'espace. La pandémie de Covid a accéléré une tendance à l'œuvre depuis quelques années. Elle nous conduit par ailleurs à une réflexion sur notre rapport au monde et à la nature. La communauté scientifique ignore à ce jour comment le virus s'est propagé en Chine. Zoonose, c'est-à-dire cas de transmission de l'animal à l'homme, ou erreur de manipulation dans un laboratoire ? La Chine ne coopère pas avec les autorités sanitaires. Elle s'estime maîtresse sur son territoire. La délégation de l'OMS reçue à Wuhan en février 2021 n'a pas été en mesure de réaliser un audit sérieux. Pour le Parti communiste chinois, le sujet est sacré. Avant d'être un problème sanitaire majeur, la Covid est un problème politique chinois.

Sur le fond, la crise pandémique nous ramène à notre état de mortels. L'homme n'est pas autonome par rapport à l'univers qui l'entoure. Il en fait partie. La santé de son environnement détermine pour partie sa propre santé. L'écologie nous le rappelle avec justesse. On peut en rester là, ou, comme certains Verts, développer une idéologie de la nature qui en fait une valeur supérieure, dans laquelle des vies biologiques indifférenciées s'expriment à égalité.

L'écologie est un nouvel objet dans la vie politique française. Un objet à part, qui se distingue en raison de l'écart qui sépare les dirigeants et militants du mouvement et leurs électeurs. Tant qu'il s'agit de dénoncer les errements d'un capitalisme financier débridé, de souhaiter des modèles de production et de déplacement plus doux, de combattre les inégalités de toutes natures, les électeurs sont au diapason du parti. Adhèrent-ils en revanche au reste du programme vert ? Communautarisation et décroissance, pour ne citer que ces deux points ? L'opinion exige une transformation progressive. Elle est disposée à faire des efforts d'adaptation si ces efforts sont efficaces et partagés. Elle ne veut pas du Grand Soir écologiste – même si les Français aiment renverser la table. Pas de révolution mais des évolutions.

La déconstruction écologiste comporte des non-dits qui exigent un examen précis. Regardons de plus près la question centrale de l'énergie. Sans énergie, pas d'économie. Notre modèle a été bâti pour servir une République une et indivisible, pour assurer l'égalité de traitement des citoyens. En France, l'accès au service public de l'électricité est universel et égalitaire. L'électron et le prix de l'électron sont accessibles partout dans les mêmes conditions et au même prix, à Paris, à Nantes, à Charleville-Mézières et jusqu'au bout des vallées alpines, des campagnes de l'Ardèche à Fort-de-France, ou à Sinnamary au fin fond de la Guyane. Le projet politique du localisme économique, politique et énergétique nous ramènerait à une France médiévale, sans égalité de traitement des Français pour l'accès aux ressources essentielles. C'est en réalité un projet antirépublicain, qui romprait la promesse républicaine. La France n'est pas un assemblage de comtés et de territoires, c'est un État-nation, avec une devise univoque, « Liberté, égalité, fraternité ».

Par certains aspects, l'écologisme est aussi le nouvel opium d'une jeunesse biberonnée aux luttes intersectionnelles, au culte absolu de la nature, au règne des communautés, à l'apologie du relativisme. Toutes les choses se valent, tous les avis sont du même poids quand il s'agit de qualifier la science ! La pensée productiviste a asservi les esprits, elle doit payer ses forfaitures et ses mensonges, elle doit être combattue. La démocratie n'est pas une fin en soi. Comme l'écrit l'association Youth for Climate, une organisation activiste proche des milieux écologistes, « la loi est contestable, comme l'est la propriété ». Les vieilles méthodes trotskistes d'agit-prop, pour agitation et propagande, sont ressorties de la clandestinité dans laquelle le progrès de la démocratie les avait plongées. La peur est un puissant levier de pouvoir, comme l'éducation ou, dans le cas d'espèce, la rééducation.

Les idées écologistes peuvent aussi servir de passager clandestin à des intérêts économiques très identifiés. Le lobby du bio sait cultiver sa fortune mais pas seulement. Observons cet étrange manège autour des projets de viande artificielle. *Le Monde*, dont Xavier Niel est actionnaire, proclame le 27 février 2021 qu'il « n'est pas indispensable de manger de la viande pour être en bonne santé ». Le même Xavier Niel finance le déploiement des « nouveaux fermiers » dont le projet est de « démocratiser » la viande artificielle à base de protéines de blé, de pois jaune et de soja. Nul ne contestera la liberté des journalistes du *Monde*, mais enfin… On peut tordre la science dans tous les sens, les produits carnés ont des vertus que médecins et nutritionnistes reconnaissent quand il s'agit de consommation variée et modérée.

La question qui se pose à la société et aux partis verts est simple et engageante : le monde a besoin d'écologie, mais a-t-il besoin des écologistes ? À l'inverse de ce que dit Serge Latouche, il ne faut pas jeter le bébé avec l'eau du bain. La version allemande des écologistes incite au discernement. Les Verts français doivent mûrir, ils doivent apprendre le sens du compromis et de la mesure. La politique, dit-on, c'est d'abord l'art de l'exécution. Faire des choses possibles et souhaitables, voter des lois applicables, transformer par l'incitation plus que par la contrainte. Les écologistes ont une immense responsabilité. Celle de leur propre croissance.

Table

DU MÊME AUTEUR
CHEZ LE MÊME ÉDITEUR

Retraites : la dernière chance

Notre modèle actuel de retraite est non seulement à bout de souffle, mais totalement injuste. Et pourtant, les conservateurs de droite comme de gauche veulent le maintenir à tout prix.

On peut truquer les chiffres, noyer les déficits dans l'impôt, nier le vieillissement de la société : faute de refondre ce modèle, l'évolution démographique le fera exploser.

La réforme engagée par Emmanuel Macron va-t-elle faire table rase des régimes spéciaux, une anomalie sociale dans notre pays qui se pique d'égalitarisme ? Malgré les réformettes des trente dernières années, ces régimes semblent intouchables et leur défense provoque régulièrement grèves et blocages.

Tout en prenant ses distances face à certaines insuffisances de la réforme, Pascal Perri montre comment la retraite par points, dernière chance de sauver le système à la française, conserve sa dimension solidaire, réactualise le contrat social et favorisera une collaboration juste entre les générations.

ISBN 978-2-8098-2575-6 / 240 pages / 18 €

Cet ouvrage a été composé
par Facompo
à Montrouge (Hauts-de-Seine)

Impression réalisée par

PRÉSENCE GRAPHIQUE
à Monts (Indre-et-Loire)

en octobre 2021
pour le compte des Éditions de l'Archipel,
département éditorial de la S.A.S. Écriture-Communication

IMPRIM'VERT
Votre imprimeur agit pour l'environnement

Certifié PEFC
Ce produit est issu de forêts gérées durablement et de sources contrôlées.
PEFC 10-31-2677
pefc-france.org

Imprimé en France
N° d'impression : 102170372
Dépôt légal : novembre 2021